Zicht op kastelen

CEDO NULLI

Zicht op kastelen

Marjan Brouwers • Jeannette van Ditzhuijzen

TERRA

Foto pagina 2:
Kasteel Nijenrode

Inhoud

Huis Bergh

Colofon

Uitgeverij Terra Lannoo B.V.
Postbus 614, 6800 AP Arnhem
info@terralannoo.nl
www.terralannoo.nl
Uitgeverij Terra maakt deel uit van de Lannoo-groep, België

Tekst en fotografie: Marjan Brouwers en Jeannette van Ditzhuijzen
Vormgeving: Lian Hendrickx, Teo van Gerwen Design, Waalre
Druk- en bindwerk: Leo Paper, Hongkong

ISBN 978-90-5897-483-9
NUR 684, 688

Besproken kastelen:

Kasteel Doorwerth

Kasteel Brederode

Speciaal voor kinderen:

1 | *Verdedigbaar en bewoonbaar*

Middeleeuwse kastelen in Nederland

'Echte' kastelen stammen uit de middeleeuwen. Ze waren bestemd voor bewoning door de kasteelheer en zijn familie, en voor verdediging tegen de vijand. Vandaar de dikke muren, de kantelen en de ophaalbruggen.

TIJDSBALK

850 tot ca. 1100
Eerste ringwalburgen

1150 tot ca. 1350
Ronde en veelhoekige kastelen

Vanaf 1275
Vierhoekige kastelen

850 | 1000 | 1050 | 1100 | 1150 | 1200 | 1250 | 1300 | 1350 | 1400 | 1450

1050 tot ca. 1250
Mottekastelen

1225 tot ca. 1450
Woontorens

Begin 14e eeuw
Uitvinding buskruit

Talloze bouwwerken in Nederland tooien zich met de benaming 'kasteel'. Een wat fors pand met een of meer torens, een gracht en een ophaalbrug wil al snel kasteel, of anders wel slot of burcht worden genoemd. Maar wat is eigenlijk een kasteel? Gelukkig bestaat daarvoor een definitie. Een kasteel is een kasteel als het bewoonbaar én verdedigbaar was.

Deze beperking betekent dat de lusthoven en kastelen die ná de middeleeuwen werden gebouwd en die dus geen defensieve functie meer hadden, in dit boek niet of hooguit zijdelings aan de orde komen. Ook de kastelen die in de middeleeuwen al wel bestonden, maar daarna alle middeleeuwse kenmerken – bewoning én verdediging – hebben verloren, laten we links liggen. Tenzij zo'n kasteel goed laat zien hoe de vorm en de functie van kastelen door de eeuwen heen zijn veranderd. Of wanneer het gaat om bijzondere kastelen zoals De Haar en Sypesteyn. Deze laatste twee zien er namelijk alleen maar middeleeuws uit, maar zijn het feitelijk niet (zie hoofdstuk 7).

Foto pagina 6-7:
Huis Bergh

Foto linkerpagina:
Kasteel Radboud

Welke kastelen bespreken we dan wél? Compleet middeleeuwse kastelen bestaan helaas niet meer. Geen enkel kasteel oogt nog hetzelfde als toen het in de 12e, 13e of 14e eeuw werd gebouwd. Stuk voor stuk zijn ze in de loop der eeuwen verwoest, uitgebrand, geplunderd of gewoon vervallen. Of verbouwd natuurlijk.

Sommige kastelen zijn nog gedurende de middeleeuwen weer opgebouwd, andere hebben het langer volgehouden. Toch kwam ook daar ooit het moment dat er weinig eer meer aan te behalen leek. In enkele gevallen werd in de 19e of 20e eeuw een ruïne behoed voor verder verval, zodat de bezoeker enig idee krijgt van de kracht van het voormalige kasteel. Andere kastelen zijn grondig gerestaureerd en geven een prima indruk van het wonen in en de verdediging van een middeleeuws kasteel.

Een kasteel bood bescherming aan de heer, zijn familie en zijn volgelingen, en straalde daarnaast macht uit. Uiteraard waren er wel verschillen. Voor de lagere kasteelheren was een eenvoudig verstevigd huis al voldoende om de buren buiten de deur te houden. Zij wilden vooral een gevoel van veiligheid creëren. Als er al gestreden werd om deze kleinere kastelen, dan met slechts een handjevol edelen en boeren.

Anders lag het bij belangrijke kasteelheren, zoals graven en hertogen, die vaak meer dan één kasteel bezaten. Ze woonden niet voortdurend in hun kasteel en gebruikten dit ook voor representatieve en administratieve doeleinden. Bij hen had de verdediging alle prioriteit omdat ze voortdurend strijd leverden om de macht, en daarvoor echte legers lieten aanrukken. Op

Het middeleeuws ogende sprookjeskasteel de Haar

Luchtfoto van kasteel de Haar

hun kastelen zijn de defensieve elementen dus veel prominenter aanwezig.
Maar wie de bouwheer ook was, kastelen hebben allemaal één kenmerk gemeen: ze werden altijd op een strategische plek gebouwd. Dat wil zeggen langs een belangrijke handelsweg, aan een rivier of op de grens van een graafschap dan wel hertogdom. Zo werd kasteel Coevorden gebouwd op de plek waar iedere reiziger van Duitsland naar Groningen en Friesland langs moest. Wie Coevorden bezat, had dus de toegang naar het noorden en het oosten in handen. Een goede reden voor de kasteelheer om tol te vragen.
Bij een bewoond kasteel moeten we denken aan de heer en zijn familie plus enkele dienaren, of – bij de echte machthebbers – aan een complete hofhouding, met ingekwartierde militairen en al. Sommige kastelen werden niet bewoond door hun eigenaren, maar bijvoorbeeld door een kastelein. Een kastelein was in die tijd geen barman, maar de beheerder van een kasteel in dienst van de kasteelheer. Hij woonde op het slot en zorgde ervoor dat alles op het kasteel reilde en zeilde.
Vooral graven, hertogen en bisschoppen bezaten soms diverse, strategisch gelegen kastelen, die ze door een kastelein lieten beheren. Deze nam vaak ook de rechtspraak en ander functies voor zijn leenheer waar.

Kasteel Coevorden

MIDDELEEUWEN

Officieel wordt tot de middeleeuwen de periode gerekend van 476 (de val van het West-Romeinse Rijk) tot 1492 (de ontdekking van Amerika). Versterkte stenen woningen die we later kastelen zijn gaan noemen, ontstaan pas vanaf ongeveer 1050. Om die reden duidt het begrip 'middeleeuws' in dit boek de periode van ca. 1000-1500 aan.

Zo woonde op de dwangburcht van Floris V te Medemblik (zie blz. 61) een garnizoen van een man of twintig met een commandant aan het hoofd. Dit kasteel was in eerste instantie namelijk gebouwd om de opstandige West-Friezen in bedwang te houden. Ook het strategisch gelegen Muiderslot (zie blz. 71) hebben de graven van Holland zelf nooit bewoond.

RINGWALBURGEN

Aan het begin van de middeleeuwen – dus vóór 1050 – waren er nog geen kastelen. Toch wist de bevolking zich goed te beschermen als de Vikingen de kust weer eens onveilig maakten. Eerst wierp men ringwalburgen op: ronde of ovale burchten die vanaf 850 werden gebouwd. Ze bestonden uit een aarden wal van twee tot vier meter hoog. Meestal sloot de omwalling een terrein in met een diameter van 100-300 meter. Hier en daar zijn deze walburgen nog als verhogingen in het landschap zichtbaar, onder meer in het Zeeuwse Oostburg, Souburg en Middelburg.
Deze ringwalburgen fungeerden alleen in tijden van gevaar als toevluchtsoord voor de lokale bevolking. Zodra ze de schepen van de Vikingen op zee zagen aankomen, konden de boeren en hun families zich hier terugtrekken. Deze burgen werden dus niet of nauwelijks voor bewoning gebruikt, althans langs de kust.

NAAMSVERWARRING

Het woord 'kasteel' bestond in de middeleeuwen nog niet. De begrippen 'huus', 'starke huus', 'steenhuus', 'toren', 'torne', 'veste' of anderszins werden door elkaar gebruikt wanneer men een kasteel bedoelde.
Eigenlijk is dat nu niet anders. We praten immers over Slot *Moermond,* Huis *Bergh,* Kasteel *Doorwerth, de Leidse* Burcht, *de Schierstins en* Borg *Verhildersum. Allemaal begrippen die hetzelfde betekenen: een versterkte woning. Net als in de middeleeuwen.*

Het lijkt erop dat de ringwalburgen in het oosten van het land hier en daar wel bewoond waren, zeker vanaf de 10e eeuw.

Kasteel Genhoes

Kasteel Genhoes in het Zuid-Limburgse Oud Valkenburg diende nog in de Tweede Wereldoorlog als toevluchtsoord voor de lokale bevolking. Zoals men vroeger walburgen had waar de bevolking bescherming vond tegen de vijand, zo verkozen de bewoners van het dorp Oud Valkenburg in 1944 voor een paar nachten het versterkte huis boven hun eigen huizen. In de dikbemuurde kelders van kasteel Genhoes voelden zij zich veilig voor het oorlogsgeweld, dat in steeds heviger mate om hen heen losbarstte.

Ringwalburg 'Alde Wal'

Kasteel Genhoes, in 1944 geschilderd door de toenmalige bewoner L.B. Huygen

De naam Genhoes betekent 'hét huis' en daarmee werd het versterkte huis van de heer bedoeld. En versterkt was het, zo bleek tijdens de slotfase van de oorlog. Het was midden september 1944, de tijd van de bevrijding, weet Muis Huygen nog. Zij woonde destijds op kasteel Genhoes en herinnert zich het lawaai van de tanks, en van de granaten die over het kasteel vlogen. "Heel griezelig, het was echt oorlog."

In de omgeving werd stevig gevochten en iedereen was bang. "Toen kwamen de dorpelingen met matras en al naar het kasteel. Bij ons in de kelders brachten ze enkele nachten door, tot het gevaar geweken leek." Tot grote opluchting van kasteelbewoners en dorpelingen verschenen op 16 september de Amerikanen aan de kasteelpoort.

Genhoes was overigens niet het enige kasteel dat ver na de middeleeuwen dienst deed als veilig heenkomen. Op het Betuwse kasteel Ammersoyen bivakkeerden begin januari 1945 zo'n 300 dorpsbewoners, terwijl ook de Doornenburg in de oorlogsjaren onderdak bood aan buurtbewoners.

Het geheel omgrachte Genhoes oogt als een middeleeuws kasteel, maar heeft in de loop der eeuwen wel de nodige 'nieuwbouw' over zich heen gekregen. Waarschijnlijk stond hier in de 11e eeuw al een versterkte woontoren, waarvan in de huidige vierkante toren nog resten te vinden zijn. Het schietgat dat aan de achterzijde van de toren bij een restauratie tevoorschijn kwam, is daar wellicht een bewijs van. Het zou toen de stamburcht van de heren van Valkenburg zijn geweest.

De kerker onder de brug doet vermoeden dat daar in de middeleeuwen een toegangspoort heeft gestaan, aangezien het gebruikelijk was om de kerker onder de poort te bouwen. De gevangenen hadden wel een venster, maar dat keek uit op de onderkant van de brug, ooit natuurlijk een ophaalbrug.

Er heeft dus al het een en ander gestaan voordat de huidige vierkante toren en de woonvleugel rond 1545 uit mergelsteen werden opgetrokken. Nog nieuwer is de huidige toegangsvleugel (ca. 1750). Zo middeleeuws als het lijkt, is Genhoes dus niet. Het kasteel wordt bewoond en is niet toegankelijk voor publiek.

DE EERSTE KASTELEN

De ontwikkeling van kastelen die niet alleen verdedigbaar waren maar ook echt bewoond werden, begint rond het jaar 1000. Het keizerlijk gezag was aan het afbrokkelen ten gunste van de graven en hertogen, aan wie de keizer stukken land in leen had gegeven. Zij kregen het in hun gebiedje voor het zeggen, en lieten dat merken ook. Om hun macht te tonen, bouwden zij kastelen.

Vanaf dat eerste millennium waren dat vooral de zogeheten mottekastelen: eenvoudige kastelen op een hoge heuvel, aanvankelijk vaak van hout. Een voorbeeld is de motte Montferland. Hier werd een bestaande heuvel verhoogd tot een motte. Ooit stond hier een houten kasteel, waar wellicht de heren van Bergh hebben

Mottekasteel Kessel

VAN HOUT NAAR STEEN

De stenen bouwwerken die we nu kennen, bestonden in de vroege middeleeuwen nog niet. De oudste kastelen waren namelijk van hout. Er was nog geen baksteen en natuursteen moest vaak van ver komen.

Weliswaar hadden de Romeinen al baksteen in onze contreien geïntroduceerd, maar de kennis van het bakprocédé was in de vroege middeleeuwen verdwenen. Daarom bouwden de middeleeuwers aanvankelijk nog met hout. Daarnaast paste men vakwerk toe. Daarvoor werd een stevig raamwerk van hout gemaakt. Dit werd opgevuld met een vlechtwerk van takken en twijgen dat men met leem besmeerde. Waarschijnlijk werd dit geheel aan de buitenzijde gekalkt. Pas na de (her)introductie van baksteen vulde men de raamwerken op met bakstenen.

Natuursteen – steviger dan hout en minder brandbaar – was schaars in Nederland. Alleen in het zuiden beschikte men over de gele mergelsteen, die overigens wel minder stevig was dan baksteen. Een muur van mergel moest dus dikker zijn dan een bakstenen muur.

Ook tufsteen – een vulkanische steensoort – uit de Duitse Eifel werd vóór de introductie van baksteen gebruikt bij de Nederlandse kastelenbouw. Dit gebeurde bijvoorbeeld bij de Leidse Burcht (zie blz. 32). Maar daarvoor moesten de stenen wel eerst over grote afstand worden vervoerd en dat was voor de gemiddelde kastelenbouwer toch iets te begrotelijk.

Halverwege de 12e eeuw werd de fabricage van baksteen herontdekt. De opmars begon in Friesland met de kloostermoppen, zo geheten omdat ze bij de bouw van kloosters werden gebruikt. Het waren nog vrij grote stenen, ca. 30 cm lang, die geleidelijk aan de meer 'normale' maat van onze huidige bakstenen kregen.

Een voordeel van baksteen is dat het nog beter vuurbestendig is dan natuursteen.

Verder maakte baksteen het bouwen van grote kastelen een stuk goedkoper. De grondstof, klei, was immers volop te vinden langs de Nederlandse rivieren. De stenen werden veelal in ovens ter plaatse gebakken en hoefden niet meer over grote afstanden vervoerd te worden. Dergelijke ovens zijn bijvoorbeeld bij het Betuwse kasteel Hernen aangetroffen.

geresideerd voordat ze het nabijgelegen Huis Bergh lieten optrekken.
Door de beperkte ruimte boven op een motte was er weinig plaats voor woonvertrekken. Om

17e-eeuwse prent van de Groningse borg Verhildersum

die reden woonde de kasteelheer grotendeels in de voorburcht, die aan de voet van de motte lag. Alleen in geval van nood gebruikten hij en zijn familie de woonruimte op de motte.
Later ontwikkelden zich andere typen kastelen, telkens aangepast aan de eisen van de tijd. Daarbij werd hout vervangen door steen. De toepassing van dit relatief dure bouwmateriaal was alleen aan de rijksten voorbehouden.
Omdat de latere kastelen niet meer op een kleine motte lagen maar op het vlakke land, kregen de bouwers de mogelijkheid om flink uit te pakken en grotere gebouwen neer te zetten. De kasteelheer kon de voorburcht verlaten en zijn intrek nemen in de woonruimte die binnen de kasteelmuren werd opgetrokken. Geleidelijk aan ging het wooncomfort dus een grotere rol spelen. Aan het eind van de middeleeuwen was er voor bewoning zelfs een hoofdrol weggelegd, omdat kastelen toen hun verdedigingsfunctie kwijtraakten (zie hoofdstuk 7). Maar tegen die tijd gaat het dus al niet meer over 'echte' kastelen.

STINSEN EN BORGEN

Een verhaal apart vormen de 'kastelen' van Friesland en Groningen. Destijds waren de bewoners van het huidige Noord-Holland tot en met Groningen allemaal 'Friezen'. Vandaar de naam West-Friesland, die nu nog bestaat voor het deel van Noord-Holland dat wordt ingesloten door de West-Friese Omringdijk (zie blz. 33). Kenmerkend voor dit noordelijke deel van het huidige Nederland is dat de graven en de bisschoppen er geen poot aan de grond kregen. Tot ca. 1200 hadden zowel de graaf van Holland als de bisschop van Utrecht geprobeerd hun gezag in het Friese te laten gelden. Maar dat lukte hun slechts in naam. De Friezen deden eenvoudigweg niet mee aan het leenstelsel, waarbij je je afhankelijk maakte van een hogere heer. Dat konden ze zich best veroorloven: ze boerden goed, dreven succesvol handel en hadden zo'n afhankelijke positie helemaal niet nodig.
Een landsheer om de orde te handhaven ontbrak dus. Dat regelden de Friezen liever zelf. Zo konden uit hun midden rijke en machtige grootgrondbezitters opklimmen. Deze zogeheten hoofdelingen hadden in hun 'territorium' de touwtjes in handen. Ze zorgden voor de veiligheid, maar vaak ook voor het bestuur en de rechtspraak. De titel hoofdeling was niet erfelijk.
Dat deze hoofdelingen elkaar onderling bestreden, behoeft geen betoog. Er moest er immers altijd één de machtigste zijn; wat dat betreft verschilden de Friezen niet van de inwoners van de zuidelijker gelegen graafschappen en hertogdommen.
Omdat er in het noorden op kleinere schaal gevochten werd, hoefden de versterkte huizen niet zo enorm van afmeting te zijn als sommige kastelen ten zuiden van dit gebied. Wel waren ze net als elders van steen, want deze elite van hoofdelingen kon zich van het lagere volk onderscheiden door voor hun versterkte woningen kostbare stenen te gebruiken. Omdat deze woningen daardoor opvielen, heetten ze 'steenhuizen'. Voor zover nu bekend werd dit begrip voor het eerst in 1329 genoemd.
De meeste steenhuizen stammen uit de 13e of 14e eeuw. Ze hadden meestal de vorm van een

Dekemastate

woon- of zaaltoren, die vaak op een verhoging stond en omgracht was. De hoogte van de toren en de ligging op een verhoogd stuk grond hadden natuurlijk ook alles met status te maken. De torens hadden een of twee vertrekken per verdieping (zie hoofdstuk 3), dikke muren en waren goed te verdedigen tegen een andere hoofdeling, wanneer die zijn gelijk kwam halen met een troep met pijl en boog bewapende boeren.

Of de eigenaren ook van meet af aan continu in hun steenhuis gewoond hebben, is niet bekend. In elk geval waren de steenhuizen zo gebouwd dat de hoofdeling, zijn familie en eventueel boeren uit de omgeving zich er in geval van nood konden terugtrekken. Zo waren er een waterput en een schouw. De toegang bevond zich op de eerste verdieping, boven de kelder die vaak half boven- en half ondergronds lag. Bij gevaar hoefde de hoofdeling de houten trap naar de verdieping alleen maar naar binnen te halen. Doordat de kelder geen toegang van buitenaf had, kon de vijand op die manier niet in de hoger gelegen vertrekken komen.

Er zijn maar heel weinig steenhuizen overgebleven. De meeste werden het slachtoffer van de talloze onderlinge vetes. Vooral die tussen de Schieringers en de Vetkopers (zie blz. 35). Toen de bewoners van het Friese Goutum in 1481 de Schieringers hadden geholpen, wer-

Waar is de koning?

Als je dit boek doorbladert, vraag je je misschien af in welk kasteel de koning woonde. Dat kasteel zul je niet vinden, want in de middeleeuwen had Nederland helemaal geen koning. Hier waren de graven en de hertogen de baas. En zij moesten weer luisteren naar de Duitse keizer (niet dat ze dat altijd deden trouwens).

De voorouders van onze koninklijke familie woonden niet eens hier. Het huis van Oranje is genoemd naar het prinsdom Orange in Zuid-Frankrijk en de naam Nassau was de naam van een familie in Duitsland. In de 16e eeuw werd Nederland een republiek en pas in 1815 kregen we onze eerste koning: koning Willem I.

Sprookjeskastelen

Als er in Nederland één kasteel op een sprookjeskasteel lijkt is het wel kasteel De Haar (zie blz. 116). Maar de meeste kastelen in dit boek lijken absoluut niet op de kastelen uit sprookjes. Ze zien er wel mooi uit, maar zijn veel eenvoudiger, kaler en vooral kouder dan je in films ziet en in spannende boeken leest. Toch zijn ze zeker de moeite waard om eens te bezoeken. In veel kastelen is een speciaal programma voor kinderen. Je kunt er een speurtocht doen, vragen beantwoorden of meedoen aan een spel. Vaak ook worden er in de vakanties speciale dagen georganiseerd waarbij je kunt zien hoe het er in de middeleeuwen echt aan toe ging. Ook kun je op schoolreis naar een kasteel. Als je een keer een kasteel wilt zien, kun je op **www.kastelen.nl** goede ideeën opdoen.

den enkele jaren later de stinsen in Goutum gesloopt. In Jelsum staken Vetkopers rond die tijd de Dekemastate in brand, waarna de eigenaar het van de grond af opbouwde. Zijn dochter trouwde met een Dekema, vandaar de naam. Andere steenhuizen werden in de 16e eeuw en later onherkenbaar verbouwd en aangepast aan de moderne tijden en de eisen van wooncomfort.

In het huidige Friesland werd het woord steenhuis begin 15e eeuw samengetrokken tot het woord stins, in het tegenwoordige Groningen spreekt men van borg, waarin het Nederlandse burg of burcht te herkennen valt. Er zijn nauwelijks nog borgen of stinsen die herinneren aan de middeleeuwse verdedigingstorens.

De Schierstins

Een van de weinige stinsen en borgen die wél middeleeuws ogen – en zijn – is de Schierstins in het Friese Veenwouden. Weliswaar is hier na de middeleeuwen het een en ander aan vast gebouwd, de oertoren zoals die er in de middeleeuwen zal hebben gestaan, is nog goed herkenbaar.

De bouwdatum van de toren is onbekend. Ze-

De Schierstins in Friesland

Het onderste deel van de Schierstins was oorspronkelijk 'ingepakt' in een motte

ker is dat het klooster Klaarkamp de reeds bestaande toren rond 1439 kocht om er de uitgebreide, ver van elkaar gelegen landerijen mee te beschermen. In die tijd woonden een hofmeester en enkele cisterciënzer monniken van klooster Klaarkamp in de toren. Zij droegen schiere (= grijze) pijen en daarvan is de naam van de toren afgeleid: *Schira Monnika huse*, later de Schierstins.

De Schierstins is een soort mottekasteel: eerst werd de toren gebouwd, waarna de grond rond de voet werd aangeaard tot een heuvel. Zo torende het stenen gebouw hoog boven de omgeving uit. Of die verhoging gemaakt was als extra bescherming tegen mogelijke vijanden, is niet duidelijk. In het noorden speelde verdediging immers niet zo'n grote rol als in de rest van het land. De hoge motte kan ook een uitdrukking van status en macht zijn geweest.

Hoe het ook zij, bij latere verbouwingen is de motte verwijderd. Dat betekent dat de bogen, waar nu glas in is gezet, zich oorspronkelijk ondergronds bevonden. Staande in de voormalige kelder moet men zich dus realiseren dat er vroeger een vloer lag tussen de kelder en het deel met de schietgaten daarboven.

Rond 1500 werd de toren anderhalve meter hoger gemaakt, later is er nog eens 2,5 meter bovenop gekomen. Met zo weinig woonruimte verbaast het niet dat vanaf de 16e eeuw – toen verdediging geen prioriteit meer had – meer en meer aan het woongemak werd gedacht. Dat begon met de vergroting van de smalle vensters en eindigde met diverse aanbouwen. Voordien gaven eenvoudige trappen of zelfs ladders toegang tot de eerste verdieping, zodat deze in geval van gevaar naar binnen konden worden gehaald. Nadat er een pand aan was vast gebouwd, kon men de toren via deze nieuwe aanbouw bereiken.

Begin 19e eeuw was de Schierstins uitgegroeid tot een landgoed, compleet met park en zomerhuis. Tegenwoordig is het een cultureel centrum.

www.schierstins.nl

2 | Roemruchte machthebbers, roerige tijden

Kastelen in hun tijd

Toen Nederland nog niet als natie bestond, maakten graven, hertogen en bisschoppen hier de dienst uit. Ze bouwden kastelen, vielen hun buren aan en bestreden elkaar om de macht.

Foto linkerpagina:
Het Muiderslot

Wie de geschiedenis van Europa in de middeleeuwen bestudeert, kan haast niet anders concluderen dan dat het één grote familieruzie is geweest. Tussen de vertegenwoordigers van vorstenhuizen en de hoge adel welteverstaan, inclusief de gezagsdragers van de kerk. Gewone mensen hadden daar niets mee te maken. Die werden pas bij de onderlinge vetes betrokken als er gevochten of belasting betaald moest worden.
Bladerend door de lijvige geschiedenisboeken kom je steeds dezelfde namen tegen: de graven van Holland, de graven en later hertogen van Gelre, de hertogen van Brabant en de bisschoppen van Utrecht en Luik. Steeds weer gingen ze elkaar te lijf om hun machtspositie te vergroten en meer rechten en rijkdommen te verwerven. Op verschillende manieren probeerden koningen en keizers de plaatselijke machthebbers te onderwerpen. Soms met succes, maar vaak ook niet. In Noord-Nederland duurde het zelfs tot de 16e eeuw voordat een machthebber erin slaagde de onafhankelijkheid van de vrije Friezen te breken.
Nederland zoals we het nu kennen bestond in de middeleeuwen nog niet. In de 9e eeuw hoorde het bij het Frankische rijk van Karel de Grote. Hij heerste als een christelijk vorst en legde het christendom op aan al zijn onderdanen. Maar talloze volkeren binnen en buiten de grenzen van zijn rijk accepteerden zijn heerschappij niet. Zij kwamen voortdurend in opstand of vielen de grenzen van het rijk aan. Vikingen, Saksen, Friezen, Avaren, Slaven, Arabieren, Basken en Longobarden: steeds weer moesten er legers aan te pas komen om opstandige volkeren neer te slaan en de grenzen te verdedigen.

LEENSTELSEL

Rond 800 was het rijk zo uitgestrekt dat Karel de Grote het gebied niet meer persoonlijk kon besturen. Daarvoor had hij betrouwbare bestuurders nodig. Zoals al in Romeinse en Germaanse tijden de gewoonte was, benoemde hij zijn eigen vertrouwelingen tot vazal en gaf hij ze allemaal een deel van het rijk om te besturen. Hiermee

legde hij de basis van zijn feodale stelsel.
Vazallen legden de eed van trouw af en kregen het recht om een bepaald gebied – een zogenaamde 'heerlijkheid' – te besturen. Dit betekende overigens niet dat ze zo'n gebied als hun eigendom mochten beschouwen. Ze kregen het in 'leen' en na hun dood kon de koning een nieuwe leenman benoemen. Vaak was dat de erfgenaam van de vorige, maar dat hoefde niet per se het geval te zijn. Het was de bedoeling dat deze leenmannen namens de koning het gebied zouden besturen en dat ze er tot op zekere hoogte recht mochten spreken en gelden mochten innen, zoals tolgeld, boetes en pacht. De leenmannen die rechtstreeks onder de koning vielen, behoorden tot de hoge adel: de graven en hertogen. Op hun beurt benoemden de graven en hertogen zelf leenmannen die ze delen van hun gebied lieten besturen. Zo ontstond de feodale piramide met aan het hoofd de koning als leenheer, daaronder graven en hertogen met grote gebieden en daar weer onder edelen of zelfs onvrijen die een

deel van zo'n groter gebied in leen kregen.
In de begintijd was de persoonlijke band tussen leenheer en leenman heel belangrijk. In ruil voor zijn leen beloofde de leenman dat hij bepaalde diensten zou uitvoeren voor zijn leenheer. Als de leenheer ten strijde trok, ging de leenman bijvoorbeeld met een aantal ridders of soldaten mee. Werd de leenheer ergens gevangengezet, dan kwam de leenman hem bevrijden of zorgde hij er in ieder geval voor dat het losgeld werd betaald. Ook gaf de leenman zijn heer advies over allerhande zaken.

MACHTHEBBERS

De vazallen met de meeste macht waren de hertogen en de graven. Hertogen hadden vaak belangrijke militaire functies en waren het hoogst in rang. De titel was afkomstig uit Germaanse tijden, toen de hertog de legeraanvoerder van de koning was. 'Heer' betekende 'leger' en 'zog' stond voor 'aanvoerder'. Aan het einde van het Romeinse Rijk stonden Germaanse legeraanvoerders soms aan het hoofd van de Romeinse legioenen. Deze aanvoerders werden 'dux' genoemd, maar in feite was dit dezelfde functie als 'hertog'. Een Engelse hertog wordt nog steeds een 'duke' genoemd, afgeleid van 'dux'.

Hertogen stonden in rang net onder de koning en waren vaak familie van hem: ooms, broers, halfbroers of neven. In het latere Duitse Rijk werd de koning altijd gekozen uit deze hertogen. Deze Rooms-Koning (de nog tijdens het leven van de keizer van het Duitse Rijk gekozen opvolger) reisde na de dood van de keizer af naar Rome – later Avignon – om zich door de paus tot keizer te laten kronen.
Binnen de verschillende koninkrijken in Europa hadden hertogen niet allemaal dezelfde functie. Zo konden ze zich in het Duitse Rijk ontwikkelen tot echte vorsten. De hertogdommen Beieren en Pruisen werden later zelfs verheven tot koninkrijken.

Net onder de hertogen stonden de markgraven, ook wel markiezen genoemd. Zij hadden eveneens een belangrijke militaire rol. Hun gebied lag over het algemeen in de gevarenzone: aan de grens met vijandige volkeren of in een streek waar onderdrukte volkeren regelmatig in opstand kwamen.
Graven waren leenman van de koning of van een hertog, een markgraaf of een bisschop. Of zelfs van een andere graaf. Op hun beurt konden graven weer eigen leenmannen benoemen. Een leenman – of het nu een graaf was of iemand van de lagere adel – had de plicht om het gebied dat hij in leen had goed te besturen namens zijn leenheer. In ruil daarvoor mocht hij een deel van de opbrengst van het leen zelf houden. Ook boetes voor overtredingen en tolgelden verdwenen in eigen zak.
Na zijn dood zou het leen terug moeten vallen aan de leenheer, maar dat gebeurde lang niet altijd. Het leen werd vaak erfelijk bezit en de graven werden steeds rijker en machtiger. Via handige huwelijken en bruut geweld breidden de sterkste graven hun gebieden verder uit.
Naarmate het koninklijke gezag tijdens de regering van Lodewijk de Vrome, de zoon van Karel de Grote, verzwakte, eigenden de leenmannen zich bovendien steeds meer koninklijke rechten toe, zoals het slaan van eigen munten. Ook bouwden ze steeds vaker kastelen zonder toestemming van hun leenheer.
Ondertussen – we spreken nu over de 10e eeuw – verhevigden de Noormannen hun aanvallen. Ook in het oosten en zuiden stonden vervaarlijke volkeren aan de grenzen om te plunderen en te moorden. De bevolking werd steeds meer aan haar lot overgelaten en keek niet meer naar de koning voor bescherming, maar naar de lokale machthebbers. Officieel waren die nog steeds leenmannen van de koning, maar in de praktijk trokken ze zich daar niet veel meer van aan.
Toen het rijk na de dood van Lodewijk over zijn drie zoons werd verdeeld, was het snel afgelopen met het centrale gezag. Het leenstelsel was ontworpen om de eenheid in het rijk te behouden, maar werkte de versnippering van de macht juist in de hand.

DE OPKOMST VAN DE RIDDERS

Ridders en kastelen lijken een onafscheidelijk duo. Maar oorspronkelijk waren ridders nog onvrije mannen – ministerialen geheten. Zij traden in dienst van een graaf of hertog en werkten soms zo hard en waren zo betrouwbaar, dat ze zich geleidelijk aan omhoogwerkten. Ze kregen dan hoge posten en vanwege trouwe diensten soms zelfs een leen van hun heer. Zo was er rond 1200 een groep ministerialen ontstaan met een of meer lenen. Net als de adellijke leenmannen woonden zij vaak op een burcht, vochten zij te paard voor hun leenheer en verwierven zo roem. Geleidelijk groeiden deze ridders in aanzien en het begrip 'ridder' kreeg zelfs de bijklank van 'dapper' en 'voornaam'.

Tijdens de Kruistochten speelden de ministerialen een belangrijke rol, waardoor zij nog meer aanzien kregen. Ze betoonden zich immers niet alleen dienstbaar aan hun wereldlijke heer, maar ook aan de kerk, het christendom. Net als de adel eigenlijk. Geen wonder dat de edelen ook wel ridders genoemd wilden worden. Met die 'titel' verwierven zij automatisch het aureool van dapperheid.
Dit samenvloeien van adel en ridderschap ging geleidelijk. Het begon ermee dat edele jongens die op hun 15e jaar als teken van volwassenheid met het zwaard werden omgord, vanaf 1200 bij dit ritueel tevens tot ridder werden bevorderd. Pas later in de 13e eeuw werden ook niet-edelen, de ministerialen dus, met zo'n officiële plechtigheid tot ridder gemaakt, en tegen het einde van de eeuw was er eigenlijk geen onderscheid meer tussen ridders en edelen.

VOORLOPERS VAN KASTELEN

In de 10e eeuw verrezen de eerste ringwalburgen (zie p. 11) waarmee de kustbewoners probeerden de aanvallen van de Vikingen te weerstaan. Ook in Overijssel en Gelderland zijn resten van ringwalburgen gevonden. De functie van deze oostelijke burgen is onbekend. De Duno bij Rhenen was in ieder geval eigendom van een roemruchte vrouw: gravin Adela van Hamaland. Adela en haar jongere zus Lutgardis waren de dochters van de Saksische graaf Wichman van Hamaland. Hij stichtte het nonnenklooster van Elten en zorgde dat zijn jongste dochter er abdis kon worden.

Toen hij aan dit klooster twee derde van zijn erfenis naliet, ging Adela hiermee niet akkoord. Een jarenlange familievete was het gevolg, waarbij burchten werden platgebrand, vazallen overliepen en het klooster twee keer met geweld werd bezet door Adela's tweede man Balderik.

Volgens kroniekschrijver Alpertus van Metz was Adela een losgeslagen wulpse vrouw die te luid sprak. Kwade tongen beweerden zelfs dat ze haar zus heeft vergiftigd en nog steeds, zoveel eeuwen later, wordt ze wel de 'Lady Macbeth van de Lage Landen' genoemd. Zeker is in ieder geval dat Balderik en Adela uiteindelijk aan het kortste eind trokken en al hun bezittingen verloren, het merendeel aan de bisschop van Utrecht.

Dit dynastieke conflict was slechts een voorloper van de vele familieruzies die de eeuwen erna uitgevochten zouden worden. Neven en nichten betwistten elkaar het recht op landgoederen, broers vochten om de erfenis van hun vader, en moeders probeerden na de dood van hun man zo lang mogelijk zelf aan de macht te blijven.

Die machtspositie konden de edelen het beste verdedigen vanuit een sterke vesting: een kasteel. Dat gold voor leden van de hoge adel, maar ook voor armere landjonkers.

HET STICHT

Tijdens de regeerperiode van Lodewijk de Vrome werden ook hoge geestelijken tot vazal gemaakt. Net als de graven kregen bisschoppen daardoor de beschikking over uitgestrekte landerijen. In de 11e en 12e eeuw was de bisschop van Utrecht de machtigste heer in de Lage Landen. Van een scheiding tussen kerk en staat was geen sprake: de bisschop had niet alleen kerkelijk, maar ook wereldlijk gezag. In de diepgodsdienstige middeleeuwen had hij daardoor meer invloed dan de graven, die immers geen mannen van God waren.

Aan het einde van de 11e eeuw stond een enorm groot gebied onder het gezag van de bisschop van Utrecht: het Sticht, bestaande uit het Oversticht en het Nedersticht. Tot het Oversticht behoorden de huidige provincies Overijssel, Gelderland, Drenthe en een deel van Groningen. De provincie Utrecht en de Veluwe vormden in die tijd het Nedersticht, later aangevuld met delen van Noord- en Zuid-Holland. De bisschop was niet alleen de kerkvader van deze mensen, maar ook de leenheer. Het was dan ook geen wonder dat hij regelmatig met de graven en hertogen van omliggende gebieden in conflict kwam over de grenzen van het Sticht. Om de zeggenschap over de Veluwe en delen van Noord- en Zuid-Holland werd tussen de 12e en 15e eeuw hard gevochten. Daarbij werd de bisschop over het algemeen sterk gesteund door de Duitse keizer en had hij een bijna onaantastbare positie.

Veel verschil met de adel was er overigens niet: bisschoppen waren vaak jongere zonen van graven of hertogen.

Wapenschild van Karel van Egmond en Gelre, uit 1527, op de muur van kasteel Coevorden

Dat bisschoppen zelf wel op oorlogspad gingen, blijkt uit het ooggetuigenverslag van een monnik in 1227 tijdens de Slag bij Ane, vlak bij Coevorden. Hij vertelt hierin over Rudolf van Coevorden, kastelein van kasteel Coevorden, dat de bisschop van Utrecht had laten bouwen. Maar, zo bleek, Rudolf van Coevorden was een eigengereid persoon. Hij vocht met de Groningers en kwam in conflict met zijn leenheer, bisschop Otto van der Lippe. Die wilde hem straffen voor het feit dat hij zich steeds onttrok aan het bisschoppelijk gezag en trok ten strijde tegen Coevorden, waarbij hij de steun kreeg van onder anderen de graaf van Gelre. Bij het dorpje Ane kwam zijn machtige leger tegenover de inwoners van Coevorden en hun Drentse medestanders te staan.

De ooggetuige schrijft dat de bisschop kon beschikken over vele ridders te paard en dacht dat hij de Drentse boeren wel even zou verpletteren. Maar de verwachte overwinning bleef uit: het leger van de bisschop zakte weg in het moeras en werd door de Drentse boeren afgeslacht. Ook de bisschop zelf kwam hierbij om.

Zijn opvolger Willebrand van Oldenburg wist de burcht wél te veroveren en liet Rudolf tijdens een bezoek aan Hardenberg in 1230 op het rad leggen. En dat terwijl Rudolf was gekomen om zich aan de bisschop te onderwerpen.

Daarmee was het getouwtrek tussen de heren van Coevorden en de bisschoppen overigens nog niet afgelopen. Daarom liet de nieuwe bisschop in het nabijgelegen Hardenberg razendsnel een kasteel bouwen dat de functie van Coevorden moest overnemen. Dat bleek terecht: keer op keer moest hij met een legertje naar Drenthe om de opstandige Coevordenaren te bedwingen.

Zo ook bijna 300 jaar later in 1512, toen een andere bisschop van Utrecht Coevorden belegerde. Roelof van Munster, de toenmalige heer van Coevorden, wist met zijn mannen via een list te ontsnappen. Het duurde acht dagen voordat de bisschop ontdekte dat alleen kasteelvrouwe Bawina van Heemstra zich in het kasteel bevond. In haar eentje stookte ze de vuren op zodat de belegeraars dachten dat er een heel leger in het kasteel was achtergebleven.

Kasteel van Coevorden

In Groningen en Friesland wemelde het in de middeleeuwen van borgen en stinsen, maar Drenthe telt slechts één echt kasteel, de burcht van Coevorden. Deze werd in de 11e eeuw gebouwd in opdracht van de bisschop van Utrecht, die op dat moment heer van het hele gebied was. De burcht was gelegen op een strategische plaats, namelijk op de kruising van twee belangrijke handelswegen. Wie naar Groningen wilde reizen moest de moerassen oversteken en dat kon alleen via Coevorden (een voorde is een 'doorwaadbare plaats').

Kasteel Coevorden

De allereerste burcht is waarschijnlijk een stevige houten toren geweest op een kunstmatige, afgeplatte heuvel, een zogenaamde motte (zie hierover hoofdstuk 3). Na verloop van tijd is deze toren vervangen door een stenen vierkante toren, waarvan de resten in het muurwerk van het bestaande kasteel zijn teruggevonden. Het keldergewelf onder een deel van het kasteel is waarschijnlijk afkomstig uit dezelfde tijd.

Oude tekening van de Blauwe Toren van kasteel Coevorden, opgespoord met hulp van een paragnost

Aan de voet van de motte ontstond door de jaren heen een voorburcht met houten gebouwen waar brood werd gebakken, bier gebrouwen en paarden werden gestald. Ook heeft hier een molen gestaan. Het geheel werd beschermd door een gracht en een vervaarlijke houten 'muur' van puntige eikenhouten palen, en was alleen bereikbaar via een ophaalbrug. Dat was geen overbodige luxe, gezien de vele aanvallen die door de jaren heen op de burcht zijn gepleegd.

Van dat eerste kasteel is tegenwoordig niet veel meer te zien. In 1402 liet de toenmalige bisschop het flink verbouwen. De motte werd verlaagd en vergroot, de gracht schoof een stuk op en de toren op de motte werd gesloopt. Vervolgens liet de bisschop een nieuw, stenen kasteel bouwen, bestaande uit een woonhuis, een kapel, vier hoektorens, een poortgebouw en een ringmuur.

Ook van die versie van het kasteel is niet veel meer over: hertog Karel van Egmond liet het in 1527 weer verbouwen. In dat jaar is onder andere de Blauwe Toren gebouwd: een ronde lage toren met een verdieping, waaronder zich een gevangenenkelder bevond. In de 16e eeuw werd

COEVORDEN IN VANCOUVER

Een Engelse afstammeling van de heren van Coevorden heette George Vancouver (1757-1798). Deze nazaat was ontdekkingsreiziger en hij gaf zijn naam aan onder meer Vancouver Island en de Canadese stad Vancouver. Ter gelegenheid van de honderdste geboortedag van deze stad kreeg Vancouver een replica cadeau van kasteel Coevorden op 80% van de ware grootte. Dit kasteeltje is te bezichtigen in 'Fantasy Garden World' in Richmond, een voorstad van Vancouver.

het kasteel opgenomen in de verdedigingswerken van de vestingstad.

Daarna ging het snel bergafwaarts: de torens verdwenen en de kelders verzakten. Van de roemruchte burcht bleef maar weinig over. Het kasteel werd achtereenvolgens gebruikt als drostenhuis, militair hospitaal, pakhuis en opslagplaats van een drankenhandelaar. Vlak voor de Tweede Wereldoorlog zou het worden gesloopt om plaats te maken voor een straat, en niet lang daarna was men van plan het kasteel af te breken voor nieuwbouw. Gelukkig gingen deze plannen niet door en werd het kasteel in de jaren zestig van de 20e eeuw zelfs grondig gerestaureerd. Op basis van een oude tekening – opgespoord met hulp van een paragnost – werd de Blauwe Toren herbouwd. Ook een traptorentje werd gereconstrueerd. Sinds de heropening in 1972 door de koningin is het kasteel onderdeel van het gemeentehuis.

www.coevorden.nl

GELRE

In het oosten van het land waren de heren van Gelre de baas, aanvankelijk als graven, later als hertogen. Hun naam danken ze aan het plaatsje Geldern, nu net over de Duitse grens. Tussen de 11e en 16e eeuw was deze familie beurtelings leenman van zowel de Duitse keizers als de bisschoppen van Keulen, en leenheer van tal van andere edelen.

Op het toppunt van hun macht bestond Gelre uit vier gebieden, ook wel kwartieren genoemd: kwartier Nijmegen (inclusief de Betuwe, Tielerwaard, Bommelerwaard en het Land van Maas en Waal), kwartier Zutphen, kwartier Arnhem (de Veluwe) en het Overkwartier (het gebied rond Roermond, Venlo en Geldern).

Oorspronkelijk kwam de familie uit Vlaanderen: ergens in de 11e eeuw zou de Duitse keizer twee broers uit die contreien naar het gebied van de Nederrijn hebben gestuurd om daar orde op zaken te stellen. Na alle vetes zoals die tussen eerdergenoemde Adela van Hamaland en haar zuster was dat blijkbaar hard nodig. Het geslacht profiteerde van de opbrengsten van de handelsroute die door hun gebied liep en de verschillende graven breidden hun territorium al snel uit. Dat gebeurde de ene keer met geweld, de andere keer door slimme huwelijkspolitiek. Zo werd Hendrik dankzij het huwelijk van zijn vader met een dochter van de graaf van Zutphen in 1138, graaf van Gelre en Zutphen. Uitbreiding in de richting van de Veluwe werd bemoeilijkt door de bisschop van Utrecht.

Bijna een eeuw later, bij de dood van Gerard II in 1229, hadden de graven hun grondgebied en daarmee hun invloed al flink vergroot. In 1247 slaagden ze er zelfs in om Nijmegen als leen te verkrijgen.

Financieel ging het hun ook behoorlijk voor de wind dankzij de tol die ze konden heffen langs de grote rivieren. Ze kwamen aan het hof van de Duitse keizer, stichtten steden en waren voogd van diverse kloosters. Dit betekende dat ze verantwoordelijk waren voor de militaire bescherming van die kloosters. Voogdijen waren zeer populair onder edelen: ze leverden macht en geld op. Bovendien mochten voogden zich bemoeien met de rechtspraak en met geldelijke transacties tussen edelen en kloosters. Zo ook de heren van Gelre.

SUCCESSIE-OORLOG

Reinoud II werd de eerste hertog van Gelre. Hij had zich intensief beziggehouden met de internationale politiek en als dank voor zijn steun kreeg hij van de Duitse keizer Lodewijk van Beieren in 1339 de titel van hertog cadeau. Hij trouwde met de zuster van Koning Edward III van Engeland en breidde Gelre verder uit door diverse heerlijkheden van lagere edelen over te nemen en andere gronden aan te kopen. Na zijn dood in 1343 viel Gelre ten prooi aan een heftige successieoorlog die tot 1379 zou duren.
Zijn zoon Reinoud III van tien jaar was weliswaar de wettige opvolger, maar dit werd betwist door zijn broertje Eduard van zeven. Met als gevolg dat de Heeckerens en de Bronckhorsten, volgelingen van twee machtige edelen, hun onderlinge strijd over de hoofden van de broertjes uitvochten. Deze twist duurde jaren, waarbij Reinoud en Eduard beurtelings hertog werden en uiteindelijk kinderloos stierven.
Van enige broederlijke genegenheid kan nauwelijks sprake zijn geweest. Eduard sloot zijn broer tien jaar lang op. Na Eduards dood werd Reinoud vrijgelaten om weer hertog te worden. Tot verbazing van tijdgenoten bleek Reinoud in die tien jaar ontzettend dik geworden. Zo dik dat hij bijna niet door de deur kon, terwijl hij al die tijd nauwelijks te eten had gekregen. Waarschijnlijk leed de onfortuinlijke hertog aan hongeroedeem. Het duurde dan ook niet lang of hij volgde zijn broer in de dood.
Zonder aanwijsbare erfgenaam was nog steeds niet duidelijk wie de nieuwe hertog mocht worden. Reden genoeg voor Mechteld en Maria, de oudere halfzusters van de ongelukkige broers, om de strijd voort te zetten. Na een fikse nederlaag op het slagveld deed Mechteld afstand van haar aanspraken en kwam het hertogdom in handen van de hertog van Gulik, de man van Maria. Hun zoon Willem werd de eerste hertog van Gelre en Gulik. Deze Willem stortte zich met hart en ziel in de 'Europese' politiek en was een fervent tegenstander van de Bourgondiërs. Willem en zijn broer en opvolger Reinoud IV stierven allebei kinderloos en zo kwam het hertogdom in handen van hun achterneef Arnold van Egmond, de nieuwe hertog van Gelre. Gulik en Gelre waren inmiddels twee aparte hertogdommen geworden.
Na de dood van Arnold en zijn opvolger Adolf kwamen de Bourgondiërs tijdelijk aan de macht. Tussen 1492 en 1538 lukte het Adolfs zoon, Karel van Egmond, om het hertogdom weer geheel naar zich toe te trekken. Zijn legeraanvoerder was de beruchte Maarten van Rossum die er lange tijd in slaagde Gelre uit handen van de Bourgondiërs te houden. Na de dood van Karel was er echter geen houden meer aan. Erfgenaam Willem van Kleef moest in 1543 Gelre afstaan aan de Bourgondische hertog Karel de Stoute. Zo werd Gelre als laatste gewest onderdeel van de Habsburgse Nederlanden.

Kasteel Rosendael

De graven en hertogen van Gelre hadden diverse residenties. Montfort was er een van, maar ook op Rosendael bij Arnhem verbleven zij regelmatig. De ligging was slim gekozen: in

Kasteel Rosendael

een stuwdal zodat het altijd door water omgeven was, waardoor de vijand er moeilijk bij kon. De oudste schriftelijke vermelding van kasteel Rosendael dateert van 1314. De ronde donjon, de grootste van Nederland, is het enige middeleeuwse wat rest van het kasteel. Onderzoek heeft aangetoond dat dit oorspronkelijk een uitspringende toren was van een enorm vierkant kasteel. De afmetingen van de donjon – de diameter is 16 meter en de muren zijn tussen de 2,5 en 4 meter dik – waren ongetwijfeld bedoeld om indruk te maken en de hoge status van de graven en hertogen uit te stralen. In de torenmuur is een wenteltrap uitgehakt. Op de tweede verdieping loopt vandaar een zijtrap naar beneden, naar een smalle cel met een piepklein open venster. Wellicht heeft hier hertog Reinoud III gevangengezeten (zie blz. 25). De toegangsdeur is in elk geval zo smal dat je je kunt voorstellen dat de door hongeroedeem getroffen hertog er nauwelijks doorheen kon na tien jaar gevangenschap. Maar hopelijk had hij tijdens zijn hechtenis de hele toren tot zijn beschikking en was hij niet veroordeeld tot deze sobere en sombere cel.

Nadat de Gelderse hertog het kasteel in 1536 had overgedragen aan Gerrit van Scherpenseel, drukten de opeenvolgende bewoners hun eigen stempel op de gebouwen. Eerst in 1616, vervolgens in 1721. De donjon bleef daarbij telkens behouden, al werd daar in 1721 een verdieping van afgehaald. In plaats van een weergang met kantelen kreeg de toren een eigentijdse lichtkoepel. Deze was afkomstig van een door koning-stadhouder Willem III vlakbij gebouwde belvédère. Eind 18e eeuw brandde de koepel af, maar de huidige eigenaar, de stichting Gelderse Kastelen, heeft deze in 1988 gereconstrueerd.

Het kasteel is beroemd vanwege het landschappelijke park dat de 19e-eeuwse tuinarchitect J.D. Zocher jr. heeft aangelegd.

www.geldersekastelen.nl

Kerker in kasteel Rosendael. Of Reinoud III van Gelre hier gevangen zat, is maar de vraag

GRAVEN EN HERTOGEN VAN GELRE

Gerard I	*1033-1053*	
Gerard II	*1082-1129*	
Gerard III	*1129-1141*	
Hendrik	*1141-1182*	*– graaf van Gelre en Zutphen*
Otto I	*1184-1207*	
Gerard IV	*1207-1229*	
Otto II	*1229-1271*	*– tevens hertog van Limburg; broer Hendrik van Gelre was bisschop van Luik*
Reinoud I	*1271-1326*	
Reinoud II	*1326-1343*	*– eerste hertog van Gelre*
	1343- 1371	*– successieoorlog tussen Reinoud III en Eduard*
Machteld	*1371-1379*	
Willem I	*1379-1402*	*– tevens hertog van Gulik*
Reinoud IV	*1402-1423*	
Arnold	*1423-1473*	*– afgezet in 1465 en opnieuw hertog in 1471*
Adolf	*1465-1471*	
Karel de Stoute	*1473-1477*	*– tevens hertog van Bourgondië*
Karel van Egmond	*1477-1538*	*– Gelre weer zelfstandig*
Willem II	*1538-1543*	*– tevens hertog van Kleef, Gulik en Berg*
Karel V	*1543*	*– Gelre weer in handen van het Bourgondische Huis*

Kasteel Montfort

In hun drang tot expansie naar het zuiden, lieten de graven hun oog vallen op het Limburgse land, waar ze rond 1200 met Roermond een stevige uitvalsbasis kregen. In de loop van de 13e eeuw groeiden hun bezittingen in die streek, met name ten zuiden van de Roer. Zo ontstond een aaneengesloten gebied, dat later de heerlijkheid Montfort heette. Graaf Otto II gaf het aan zijn broer Hendrik, bisschop van Luik.

Hoewel Hendrik eigenlijk zijn handen vol had aan volksopstanden en financiële problemen, begon hij in 1260 met de bouw van een enorm en zeer kostbaar kasteel. En wat voor kasteel! Ondanks het verval van de ooit zo machtige torens en muren is nog steeds te zien dat kasteel Montfort een indrukwekkende burcht is geweest.

In 1277 droeg Hendrik zijn kasteel over aan zijn neef Reinoud I van Gelre. Zelf trok hij weer ten strijde in het gebied rond Luik, waar hij in 1284 in een hinderlaag liep en omkwam als gevolg van een klap met een knots met vijf punten. In het informatiecentrum van het kasteel is een replica te zien van zijn schedel met inderdaad een vijfhoekig gat erin.

Replica van de schedel van Hendrik, bisschop van Luik, met een gat veroorzaakt door een vijfpuntige knots

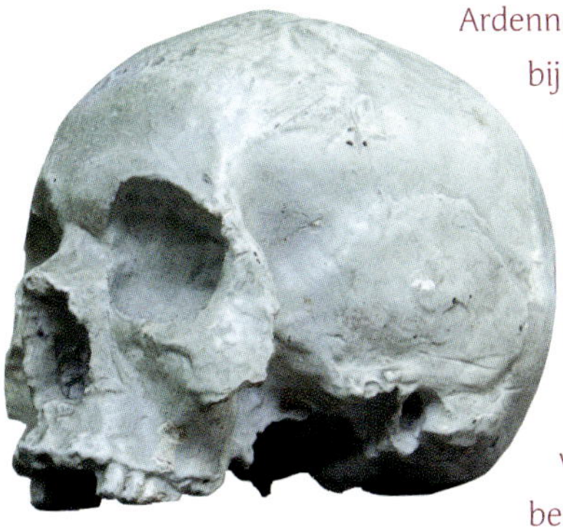

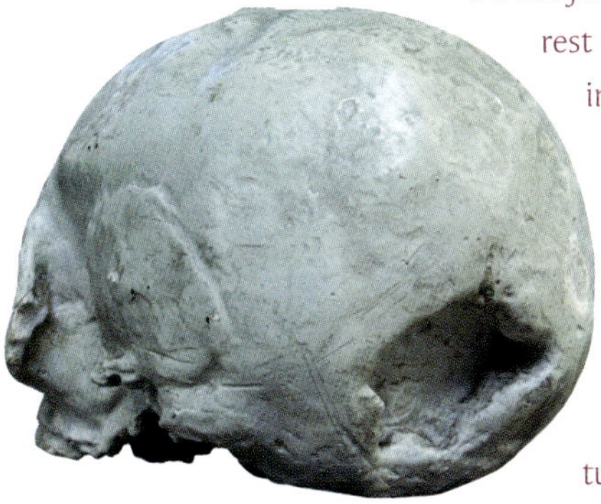

Montfort was een veelhoekige waterburcht met vier uitspringende torens en een zware donjon gebouwd van mergelsteen en peperdure natuursteen. Natuursteen was in de omgeving niet voorhanden en moest met platschuiten worden opgehaald uit steengroeven in bijvoorbeeld de Ardennen. Met een oppervlak van 50 bij 56 meter was het kasteel voor Nederlandse begrippen heel groot. De muren van de hoektorens waren 2 tot 2,5 meter dik en die van de donjon 3 tot 6 meter. Ook de voorburcht werd omringd door water en was net als het kasteel alleen te bereiken via een ophaalbrug.

De donjon is iets later gebouwd dan de rest van het kasteel. Waarschijnlijk in de tijd van Reinoud I. Bijzonder aan deze toren was de puntige vorm, de 'tour-à-bec' (zie blz. 66). De toren dankt de naam Grauwe Toren of Grauwert aan het feit dat deze geheel uit grauwe natuursteen bestond, in tegenstelling tot De Witte Toren. Dit is een van de hoektorens waarvan nog steeds te zien is dat hiervoor om en om lichte en donkere steen is gebruikt.

Foto boven: *De witte toren*

Foto links: *De ruïne van Montfort.*

Ondertussen was kasteel Montfort uitgegroeid tot een belangrijk bestuurscentrum binnen Gelre. De graven en hertogen verbleven er regelmatig, maar niet altijd vrijwillig. Neem Reinoud I. Deze graaf stond al langer bekend als excentriek, maar in 1320 was hij daarin blijkbaar zo ver doorgeslagen, dat zijn vrouw en zoon vonden dat hij niet langer zijn werk als graaf kon uitvoeren. Reinoud II sloot zijn vader op in zijn eigen toren, tot hij zes jaar later overleed.

Enkele decennia later woedde de Honderdjarige oorlog tussen Frankrijk en Engeland en Reinoud II zat er middenin. Als bondgenoot

Het gerestaureerde jachtslot bij Montfort

Hendrik, bisschop van Luik, op oorlogspad

van de Engelse koning bracht hij veel tijd door op Montfort. Talloze bodes reden af en aan en de hertog ontving er allerlei hooggeplaatste onderhandelaars. Zulk hoog bezoek ontvang je natuurlijk niet in zomaar een kasteel, vond de hertog en daarom liet hij Montfort in 1342 en 1343 ingrijpend verbouwen. Hoe ingrijpend blijkt wel uit het feit dat hiervoor 890.500 bakstenen nodig waren. Het kasteel werd verfraaid met een poortgebouw, noord- en oostvleugels en een nieuw hoofdgebouw met daarin een keuken, een brouwerij, een grote zaal, een kapel en een korenzolder. De slotkapel werd voorzien van een nieuw altaar en beelden. In totaal kregen bij deze verbouwing 27 vensters echt glas, wat in die tijd een klein fortuin kostte.

Na dit hoogtepunt ging het langzaam maar zeker bergafwaarts met het kasteel. Het kreeg in 15e eeuw nog wel uitgebreide vestingwerken, maar deze zijn nooit echt gebruikt (zie blz. 112). Eind 17e eeuw oordeelde de rentmeester dat het onderhoud van de vestingwerken en verdedigingstorens veel te duur begon te worden, waarna hij tot sloop overging. Bruikbare delen van het kasteel, zoals de toegangsbrug, de stenen van de hoektorens en de poort werden verkocht.

In 1687 probeerde men zelfs de Grauwert op te blazen, maar dat lukte niet helemaal. Hoewel er in de wijde omgeving brokken natuurstenen neerkwamen, bleef de gehavende toren gewoon staan. De resterende delen van het kasteel deden nog tot circa 1780 dienst als woonkasteel, maar dat werd daarna ook afgebroken. De kelderverdieping en enkele torenruïnes bleven over, omdat het niet rendabel was om deze te slopen.

Wie de ruïne nu bezoekt, kan de geschiedenis van Montfort bekijken in het Jachtslot. Deze in de 19e eeuw gebouwde achthoekige toren is gerestaureerd en doet nu dienst als informatiecentrum en trouwzaal.

www.kasteelmontfort.nl

BRABANT

In het zuiden heersten de hertogen van Brabant. Zij stichtten – waarschijnlijk rond 1185 – 's Hertogenbosch. De eerste hertog van Brabant, Hendrik I bijgenaamd 'de Krijgshaftige', wist de invloedssfeer van Brabant flink te vergroten. Daarvoor streed hij met de graven van Gelre en Holland, die hij met behulp van zijn sterke leger op de knieën wist te dwingen. De graaf van Gelre werd zijn leenman voor de Veluwe en Oosterbeek, de graaf van Holland voor Dordrecht en Geertruidenberg.

Hendriks achterkleinzoon Jan I 'de Overwinnaar' zorgde er tijdens zijn 33-jarige regering voor dat niemand meer om Brabant heen kon. Inmiddels omvatte het hertogdom naast het huidige Noord-Brabant grote delen van het latere België. Behalve hertog van Brabant was Jan I graaf van Vlaanderen en familie van twee Franse koningen. Zoals zo velen in die tijd was ook deze Jan weer verwikkeld in een heftige familieruzie.

Deze keer ging het om de heerschappij over Limburg. Reinoud I van Gelre maakte aan-

HERTOGEN VAN BRABANT

Hendrik I	*1190-1235*	*– broer Albert is bisschop van Luik*
Hendrik II	*1235-1248*	*– 1 zuster getrouwd met Gerard IV van Gelre, een ander met Floris IV van Holland, een derde met Willem I van Holland*
Hendrik III	*1248-1261*	
Hendrik IV	*1261-1267*	
Jan I	*1267-1294*	*– broer van Hendrik IV*
Jan II	*1294-1312*	
Jan III	*1312-1355*	
Johanna	*1355-1406*	*– vrouw van Willem IV van Holland en van Wenceslas van Luxemburg 1 zuster getrouwd met hertog van Vlaanderen 1 zuster getrouwd met Reinoud III van Gelre*

spraak op dit hertogdom na de dood van zijn vrouw Irmgard van Limburg. Maar er was nóg een erfgenaam en die had zijn rechten aan Jan I verkocht. Een en ander leidde in 1288 tot de slag bij Woeringen. Daar behaalde de Brabantse hertog een verpletterende overwinning. Wat overigens niet betekende dat er een einde kwam aan de schermutselingen tussen Brabant en Gelre. Integendeel.

In de 14e eeuw kreeg Brabant voor het eerst een hertogin: Johanna van Brabant. Omdat haar drie broers allemaal eerder waren overleden dan hun vader, bleef Johanna over als enige erfgenaam. Ze was ondertussen al enige tijd getrouwd met Wenceslas van Luxemburg, maar Brabant kon er blijkbaar nog wel bij.

De Brabantse steden waren inmiddels hard gegroeid, ook in invloed. Dit leidde ertoe dat Johanna en Wenceslas onder druk van de steden een oorkonde moesten tekenen met de naam 'Blijde Inkomste'. Hierin stond precies omschreven wat de rechten en plichten van de hertogen en het volk waren. Bovendien wilden de steden de garantie dat het hertogdom één geheel zou blijven en niet in handen zou vallen van een buitenstaander. Johanna ging akkoord, wat door de steden zeer werd gewaardeerd.

Nu had Johanna een machtige zwager, Lodewijk van Male, graaf van Vlaanderen, en die was helemaal niet te spreken over de gang van zaken. Dan werd hij liever zelf hertog. En zo begon er alweer een successieoorlog: ditmaal tussen Vlaanderen en Brabant, waarbij Vlaanderen al snel aan de winnende hand was. Lodewijk veroverde Antwerpen, Mechelen, Leuven en Brussel en liet zich uitroepen tot hertog van Brabant.

Uiteindelijk werden de Brabantse landen toch gesplitst, waarbij een groot deel in Vlaamse handen bleef. Na de nodige perikelen vertrouwde Johanna haar hertogdom toe aan haar geliefde nicht Margaretha van Vlaanderen, de vrouw van Philips van Bourgondië. Daarmee ging het Brabantse huis in 1406 definitief over in Bourgondische handen.

Kasteel Grave

In de eerste eeuwen na het jaar 1000 schoten de kastelen in het Brabantse land als paddenstoelen uit de grond. Tal van edelen hadden er hun eigen kleine grondgebied of heerlijkheid, al dan niet met een kasteeltje. Van al die grote en kleine kastelen was na de vele twisten en conflicten die het gebied heeft gekend aan het einde van de middeleeuwen niet veel meer over. Zo stond er in de middeleeuwen een roemrucht kasteel in het plaatsje Grave, dat rond 1140 gebouwd was door de gebroeders Van Kuyk. Zij hadden het aan de stok gehad met de keizer die hun kasteel had verwoest en de broers had verbannen om hen te straffen voor

Verdedigingswerken van het vestingstadje Grave

een laffe moord op een edelman. Rondom hun nieuwe kasteel ontstond het stadje Grave, dat in de loop van de jaren uitgroeide tot een echte vestingstad.
En dat was nodig ook: zowel de hertogen van Brabant als van Gelre vochten er regelmatig om en later werd het stadje enkele malen belegerd en veroverd door onder anderen de Spanjaarden en de Fransen. Van het kasteel is daardoor niets anders overgebleven dan enkele muurresten.

Kasteel Heeze

Vlak bij Eindhoven staat kasteel Heeze, een prachtig, sfeervol gebouw, leuk om te bezichtigen, maar niet echt middeleeuws. Het werd namelijk pas in de 17e eeuw gebouwd. Direct achter het kasteel gaat echter een veel ouder exemplaar schuil: slot Eymerick. Al in de 12e eeuw moet op deze plek een sterkte hebben gestaan, dat toen nog het Huys te Heeze heette. In 1203 werd dit huis door zowel de hertog van Brabant als de graaf van Gelre opgeëist.
In 1240 kwam Eymerick in handen van Willem van Horn. Tot 1334 bleef het landgoed eigendom van de familie, maar daarna werd het een leen van de hertog van Brabant. De heren van Horn en Altena lieten het slot grondig verbouwen. Deze heren waren overigens regelmatig van huis en dat liep niet altijd even goed af: Willem van Horn en Altena sneuvelde in 1304 tijdens de Slag bij Zierikzee, Gerard overleefde in 1345 de Slag bij Stavoren niet en de broers Willem en Philips van Horn – de laatste beter bekend als de graaf van Hoorne – werden allebei onthoofd tijdens de Tachtigjarige Oorlog. René van Renesse kocht de heerlijkheid inclusief kasteel in 1615. Ook hij kwam gruwelijk aan zijn einde: om in een goed blaadje te komen bij de Spanjaarden liet hij de burgemeester van Luik vermoorden, waarna de bevolking van deze stad hem aan stukken scheurde. Daarna erfde zijn zoon Alexander Eymeric. Vanwege torenhoge schulden verkocht hij alles aan Albert, baron van Snouckaert van Schauburg.
In de 17e eeuw was Eymerick zodanig vervallen dat deze baron besloot een geheel nieuw kasteel te bouwen, waarvoor hij hofarchitect Pieter Post inhuurde. Het moest een indrukwekkend kasteel worden, waar hij op comfortabele wijze kon wonen en gasten ontvangen. Verdedigbaar hoefde het kasteel niet meer te zijn. Pieter Post was in zijn tijd een beroemde architect. Hij had al prachtige ontwerpen gemaakt voor de Prins van Oranje, zoals het Mauritshuis en het Huis ten Bosch in Den Haag en hij was een goede bekende van de baron. De tekeningen die hij voor kasteel Heeze maakte waren geheel in de stijl van het Hollandse classicisme, zoals in die tijd de mode was. De bedoeling was dat dit nieuwe kasteel het oude slot Eymerick zou vervangen. Maar na het bouwen van een voorhof met stallen, werkplaatsen en twee torens moest hij met zijn werk stoppen. Meer kon de baron niet betalen.

Kasteel Heeze

Pas aan het einde van de 18e eeuw liet de nieuwe eigenaar, de familie Van Tuyl van Serooskerken, kasteel Heeze voltooien en ingrijpend renoveren. Ook het nog bestaande Eymerick werd sindsdien enkele malen gerestaureerd. De familie woont nog steeds op Heeze, waarmee dit een van de weinige bewoonde kastelen van Nederland is.
www.kasteelheeze.nl

HOLLAND

Oorspronkelijk was Holland een klein gebied achter de duinen ten noordoosten van Leiden. Het heette in de 10e eeuw nog 'Holtland' en kwam in de 11e eeuw in handen van Floris I. Op dat moment was deze Floris al graaf van grote delen van de huidige provincies Zuid- en Noord-Holland. Later werd de naam Holland de naam voor het hele graafschap. Een oorkonde van 1101 vermeldt voor het eerst een 'graaf van Holland', namelijk Floris II.

Met Holland alleen waren de graven niet tevreden. Zo trokken ze ten strijde tegen de West-Friezen in het noorden. Die wilden helemaal niet ingelijfd worden en verzetten zich hevig. Pas in 1289 lukte het Floris V de West-Friezen eronder te krijgen. Deze beroemde graaf slaagde er verder in zijn invloed te vergroten in Zeeland en het Sticht – waar de bisschop van Utrecht de scepter zwaaide. Via Jan II van Henegouwen waren de graven van Holland vanaf 1299 ook graaf van Henegouwen, waarna in 1323 het graafschap Zeeland er officieel bij kwam.

Ook op andere manieren wisten de graven hun gebied te vergroten Zo waren ze zeer bedreven in de huwelijkspolitiek. Hun kinderen trouwden met de kinderen van naburige hertogen en graven en zelfs met koningskinderen uit Frankrijk en Engeland. De piepjonge Jacoba van Beieren trouwde bijvoorbeeld met een Frans koningskind.

De put van de Leidse Burcht

Onderling konden de Hollandse edelen het niet altijd even goed vinden. Het graafschap ging jarenlang gebukt onder vele vetes, ruzies die over het algemeen uitbraken rondom de dood en opvolging van een edelman. Als in de middeleeuwen een edele heer van enige invloed overleed, was het belangrijk dat er een sterke opvolger klaarstond om het werk van zijn vader voort te zetten. Het liefst een volwassen man. Was die er niet, dan was het meteen knokken geblazen.

Dit was bijvoorbeeld het geval na de dood van Dirk VII in 1203. Hij was getrouwd met Aleid van Kleef en van hun drie dochters was er nog maar één in leven: Ada. Om te voorkomen dat Ada's oom Willem het graafschap zou overnemen, huwelijkte Aleid haar vijftienjarige dochter nog voor de begrafenis uit aan graaf Lodewijk II van Loon. De Loonse Successieoorlog was het gevolg: met de steun van een groot aantal edelen probeerde oom Willem het graafschap van zijn nichtje Ada af te nemen.

Nadat haar moeder en haar echtgenoot zich hadden teruggetrokken in Utrecht, vluchtte de jonge gravin halsoverkop naar Leiden. Of ze de Burcht van Leiden inderdaad heeft belegerd en veroverd is niet bekend. Zeker is wel dat Ada in Leiden gevangen werd genomen en overgedragen aan haar oom die haar eerst op Texel en later in Londen gevangenzette.

LOKALE TWISTEN

De afwezigheid van een volwassen mannelijke erfgenaam was ook de aanleiding voor de Hoekse en Kabeljauwse Twisten in de 14e eeuw. Nadat de kinderloze graaf Willem IV in 1345 tijdens een veldslag tegen de Friezen bij Staveren was gesneuveld, werd zijn zuster Margaretha gravin van Holland. Zij was getrouwd met de Duitse keizer Lodewijk de Beier en had blijkbaar niet zo veel zin om Holland te besturen. Al snel keerde ze terug naar Beieren waarbij ze het bestuur van haar graafschap overliet aan haar dertienjarige zoon Willem.

De jonge graaf viel in handen van enkele machtige edelen en zo ontstond de partij van de Kabeljauwen. Margaretha kwam terug, maar toen wilde hij de macht niet meer aan haar afstaan. De meeste steden waren op de hand van Willem, een groot aantal edelen bleef de gravin trouw en vormde de partij van de Hoeken. Veldslagen, belegeringen, ontvoeringen en moorden waren het gevolg.

Nadat Willem in 1351 zijn moeder bij Zwartewaal had verslagen, was hij eindelijk officieel graaf. Niet voor lang: de 'dolle' graaf bleek in 1358 zodanig malende te zijn, dat zijn broer Albrecht van Beieren de taken overnam. Hij werd overigens pas officieel graaf na Willems dood in 1389.

De West-Friese Omringdijk van Floris V met de vijf dwangburchten

Toen laaiden de twisten tussen de Hoeken en Kabeljauwen opnieuw op. Ditmaal was de dubbele moord op Aleid van Poelgeest, Albrechts jonge minnares, en Albrechts schildknaap de aanleiding. Deze moord werd gepleegd door de mannen van de latere Willem VI, Albrechts zoon. Het kwam pas tot een verzoening tussen vader en zoon toen het tijd was om een robbertje met de opstandige Friezen te gaan vechten.

Hiermee waren voor Holland de problemen nog niet ten einde. Willem VI werd door een hond gebeten, stierf en liet een vijftienjarige dochter na: Jacoba van Beieren, net voor de eerste keer weduwe geworden. En weer volgde er oorlog: eerst moest Jacoba haar nieuwe positie verdedigen tegen haar oom Jan van Beieren en na diens dood ging ze de strijd aan met Philips de Goede van Bourgondië. Na de nodige heftige gevechten moest Jacoba zich met de Zoen van Delft gewonnen geven. Na haar huwelijk met Frank van Borsselen moest ze bovendien afstand doen van haar drie graafschappen Holland, Zeeland en Henegouwen. Haar laatste jaren sleet ze in kasteel Teylingen bij Sassenheim. Met haar dood in 1436 kwam er een einde aan het Hollandse Huis.

Leidse Burcht

Acht eeuwen na de vlucht van Ada torent de Burcht van Leiden nog steeds boven de stad uit. Onder aan de trap van de steile heuvel kun je je voorstellen dat aanvallers ertegenop zagen om deze burcht aan te vallen.

Vandaag de dag staat de burcht midden in het centrum van de stad en is het een hangplek geworden van jongeren. Groepjes rokende en blowende jongens en meisjes zitten bij de schietgaten in de bogen te praten, een deel van de muur is bewerkt met graffiti en de kaarsennissen zijn bezaaid met peuken.

Het mottekasteel is in de 12e eeuw gebouwd op een heuvel van twaalf meter hoog, heeft een stenen ringmuur met kantelen en een weergang. De originele tufsteen is door de eeuwen heen grotendeels verdwenen en vervangen door bakstenen en kloostermoppen. In de middeleeuwen had de burcht ook nog een

FLORIS DE BURCHTENBOUWER

Als er iemand tijdens zijn leven kastelen heeft gebouwd, dan de Hollandse graaf Floris V (1254-1296). In rap tempo liet hij vijf kastelen uit de grond stampen. Enige haast had hij wel, want de burchten dienden om de door hem onderworpen West-Friezen in bedwang te houden. Ze moesten vooral niet denken dat hij zich gemakkelijk klein liet krijgen.

Floris was twee jaar toen hij zijn vader verloor. Dat was graaf Willem II, tevens Rooms-Koning, de gekozen opvolger van de nog levende keizer van het Duitse Rijk. De West-Friezen hadden deze Willem vermoord, nadat hij met paard en al door het ijs was gezakt. Dat riep om wraak en Floris zou die West-Friezen er wel even onder krijgen. Gemakkelijk was dat niet, want de West-Friezen kenden het moerassige en waterrijke West-Friesland stukken beter dan het leger van Floris. Na een mislukte poging in 1272 was hij in 1282 succesvoller.

Direct daarop sloeg hij aan het bouwen, zodat hij de bevolking eronder kon houden. Daarom worden de kastelen in West-Friesland ook wel dwangburchten genoemd. Ze werden tussen 1282 en 1288 gebouwd en heten Slot te Wijdenes, kasteel te Medemblik (of kasteel Radboud), de Nuwendoorn, de Middelburg en de Nieuwburg. Ze werden op of aan de West-Friese Omringdijk gebouwd, een ander project van Floris. Deze dijk moest overstromingen voorkomen.

Vijf kastelen in zo korte tijd is bepaald bijzonder. Floris moet honderden, zo niet duizenden mannetjes aan het werk hebben gezet. Die kregen weer ondersteuning van manschappen uit Floris' leger, want de West-Friezen probeerden natuurlijk wel te voorkomen dat er een dwangburcht op 'hun' land werd gebouwd. En wat te denken van de enorme hoeveelheden baksteen die Floris voor deze imposante bouwwerken overal en nergens vandaan moest halen? Een deel zou zelfs over de Zuiderzee uit Friesland zijn aangevoerd.

Veel succes hadden de dwangburchten in eerste instantie niet. Het zou nog tot 1289 duren, voordat heel West-Friesland echt onder Hollands gezag kwam. Floris maakte daarvoor handig gebruik van enkele overstromingen.

Begin 1296 liep Floris over naar de Fransen, tot woede van de Engelse koning Edward I, zijn bondgenoot tot dan toe. Waarschijnlijk hoopte Floris samen met de Fransen de Vlamingen te kunnen verslaan, met wie Holland een oud dispuut over een stuk van Zeeland had.

Edward voegde zich hiermee bij de vijanden die Floris al had gemaakt: Gijsbrecht van Amstel, Herman van Woerden en Gerard van Velsen. Van Amstel en Van Woerden had Floris tegen zich in het harnas gejaagd door zijn intriges om de macht over het Sticht in handen te krijgen. Samen met de Engelse koning smeedden zij het plan om Floris te ontvoeren en naar Engeland over te brengen. Floris' zoon Jan, die al aan het Engelse hof woonde, zou de macht daarna kunnen overnemen.

Maar het liep allemaal anders. De ontvoering tijdens de valkenjacht, even buiten Utrecht, lukte. Daarna ging het mis. De ontvoerders brachten Floris naar het door hemzelf gebouwde Muiderslot, waar de bevolking lucht kreeg van de ontvoering. Toen het drietal Floris op 27 juni 1296 geboeid wilde afvoeren, probeerde een groep Gooilanders de graaf te bevrijden. In de ontstane paniek vermoordde Gerard van Velsen de gevangene.

Direct na de moord maakten West-Friezen slot te Wijdenes met de grond gelijk. Medemblik werd eveneens aangevallen, maar het weerstond de belegering. Van de andere dwangburchten is er niet een over: Nuwendoorn is rond 1366 door de zee verzwolgen en de Friese vrijheidsstrijder Grote Pier heeft in 1517 de Nieuwburg en de Middelburg kapot geslagen.

Foto boven:
Gravure van burchtenbouwer Floris V, graaf van Holland

Foto onder:
Weergang van het Muiderslot

GRAVEN VAN HOLLAND

Floris I	*1049-1061*	
Dirk V	*1061-1091*	
Floris II	*1091-1122*	
Dirk VI	*1122-1157*	
Floris III	*1157-1190*	*– 2 broers zijn bisschop van Utrecht*
Dirk VII	*1190-1203*	*– Loonse Successieoorlog breekt uit*
Willem I	*1203-1222*	*– broer van Dirk VII; tweede huwelijk met dochter van Hendrik I van Brabant*
Floris IV	*1222-1234*	*– broer is bisschop van Utrecht*
Willem II	*1234-1256*	*– tevens Rooms-Koning*
Floris V	*1256-1296*	
Jan I	*1296-1299*	
Jan II	*1299-1304*	*– oom van Jan I, tevens graaf van Henegouwen*
Willem III	*1304-1337*	*– vanaf 1323 ook graaf van Zeeland*
Willem IV	*1337-1345*	
Margaretha	*1345-1349*	*– begin Hoekse en Kabeljauwse Twisten*
Willem V	*1351-1389*	*– in 1358 wegens krankzinnigheid opgesloten*
Albrecht van Beieren	*1358-1389*	*– Willems broer Albrecht is ruwaard tot het overlijden van Willem V (1389)*
Willem VI	*1404-1417*	
Jacoba van Beieren	*1417-1433*	*– Jacoba staat de graafschappen Holland, Henegouwen en Zeeland af aan Philips van Bourgondië*

voorburcht en stond er binnen de muur een woontoren.
Aanvankelijk werd de burcht bewoond door een burggraaf, de beheerder van het kasteel.

Schietgaten en kaarsennissen doen tegenwoordig dienst als asbak

De steile motte van de Leidse Burcht

Deze erfelijke positie werd bijna een eeuw lang bekleed door de familie Van Cuijk en daarna door de heren Van Wassenaar. Burggraven hadden grote invloed op wat er in de stad gebeurde. Zo inden ze tol en mochten ze een deel daarvan behouden. Geen wonder dat stad en burggraaf regelmatig met elkaar overhoop lagen.

Tijdens de oorlog tussen Jacoba van Beieren en haar oom Jan van Beieren kwam er een einde aan de machtige positie van de burcht. Burggraaf Philips van Wassenaar, die Jacoba steunde, kwam na de belegering van Leiden in 1420 in de gevangenis terecht en de functie van burggraaf van Leiden was een lege huls geworden. In de 17e eeuw werd de burcht eigendom van de stad Leiden en dat is hij nog steeds.

DE FRIEZEN

Terwijl een groot deel van het huidige Nederland in de middeleeuwen feodaal was georganiseerd, gingen de Friezen hun eigen gang. In tegenstelling tot de bewoners van Gelre, Brabant en Holland waren de Friezen niet uitsluitend afhankelijk van de landbouw. Al sinds de prille middeleeuwen dreven zij ook handel. Elders waren ze eveneens actief: zo gingen de Friezen graag mee op kruistocht naar het Heilige Land.
Als gebied viel Friesland – inclusief een groot deel van de huidige provincie Groningen behalve dan de Drentse stad Groningen – rechtstreeks onder de Duitse keizer. De Friezen beweerden namelijk dat ze van Karel de Grote hoogstpersoonlijk de garantie hadden gekregen dat ze geen enkele heer buiten de keizer hoefden te dienen. Nu wist men zelfs toen al dat deze zogeheten Friese Vrijheid een fabeltje was, maar het gaf de Friezen wel het gevoel dat ze onafhankelijk waren. Zij erkenden geen graven of hertogen, alleen de keizer.
Deze Friese Vrijheid betekende bepaald niet dat het er in het noorden vredig aan toe ging. Integendeel: er heerste totale anarchie. Machtige mannen, de zogenaamde hoofdelingen, maakten er de dienst uit en dat deden ze over het algemeen vanuit een versterkt huis. Vanuit deze versterkingen konden ze hun eigen gang gaan. In dit noordelijke deel bevochten twee partijen elkaar tot op het bot: de Schieringers – genoemd naar de cisterciënzer monniken vanwege hun schiere (= grauwe) pijen – en de Vetkopers. Deze naam is waarschijnlijk afkomstig van de orde van de Norbertijnen, die 'vetweiders' zouden zijn geweest. Dit hield in dat ze vee in de weide vetmestten voor de slacht. Lange tijd wisten de Schieringers zich gesteund door de machtige stad Groningen, terwijl de Vetkopers de meeste lokale landheren aan hun zijde vonden. Ook hadden de Vetkopers veel invloed in Friesland. Deze partijenstrijd was een van de redenen waarom Stad en Ommelanden met elkaar in onmin leefden. Hoewel de stad op een gegeven moment de kant van de Vetkopers koos, zijn de wrijvingen tot de dag van vandaag tot op zekere hoogte blijven bestaan.
Ook al ging het er vaak heftig aan toe, de gevechten staakten zodra de Friese onafhankelijkheid in gevaar kwam. Dan sloten de rijen zich en konden de indringers op een stevig gevecht rekenen. Dat hebben verschillende graven van Holland, hertogen van Gelre en bisschoppen van Utrecht in de loop van de eeuwen aan den lijve ondervonden. Zoals Willem IV, die tijdens een aanval op Friesland sneuvelde bij Warns.
In de 14e eeuw stonden de Bourgondiërs drie keer op het punt om Friesland aan te vallen, maar steeds kwam er iets tussen, waardoor de Friezen de dans ontsprongen. Pas in de 16e eeuw slaagde Karel V erin om Friesland, de stad Groningen en de Ommelanden definitief bij het Bourgondische Rijk in te lijven.
Van de talloze steenhuizen die het noorden telde, zijn er maar een paar waarvan de middeleeuwse oorsprong nog te zien is. De meeste zijn in de loop van de tijd ingrijpend verbouwd (zie hoofdstuk 1).

Beeld van de Schiere Monnik op Schiermonnikoog, het eiland van de Schieringers

Borg Ewsum

De verhouding tussen de bewoners van de borgen en de stad Groningen was over het algemeen behoorlijk slecht vanwege de strijd tussen de Schieringers en de Vetkopers. De heren van de borgen waren meestal Vetkopers en zij weigerden zich de wet te laten voorschrijven door de stad, die op de hand was van de Schieringers.
Aan de lage toren van borg Ewsum in Middelstum hangt nog altijd een stenen schild waarop staat dat Onno van Ewsum deze toren in 1472 heeft gebouwd tegen de wil van de stad Groningen. De stad had namelijk geëist

De middeleeuwse toren van borg Ewsum

dat de muur van de toren niet meer dan drie kloostermoppen dik mocht zijn, want bij meer dan drie stenen muurdikte was er sprake van een kasteel. Daar trok Onno zich dus niets van aan. Hij maakte de muur maar liefst zes kloostermoppen dik, zodat de familie zich er bij een aanval goed zou kunnen verschansen.

De toren staat op een schiereiland in de binnengracht en is het enige wat nog over is uit de middeleeuwen. De borg zelf heeft de eeuwen niet overleefd. In de 16e eeuw was het een ruïne, maar honderd jaar later hadden de bewoners de borg helemaal herbouwd; om hem in de 19e eeuw weer te laten afbreken.

Het schild van de opstandige Onno van Ewsum

Borg te Wedde

In Oost-Groningen staat de Borg te Wedde. Ooit het kasteel van de roemruchte Addinga's die hier tussen 1360 en 1370 een woontoren bouwden. Populair was de familie bepaald niet: Egge I en Egge II werden allebei door de boerenbevolking vermoord. Ook stond de familie niet op goede voet met de stad Groningen: in 1478 werd deze borg zelfs door stadse troepen verwoest. Pas in 1486 mocht Haye Addinga de borg herbouwen.

Berend van Hackfort veroverde Te Wedde in 1530 in opdracht van de hertog van Gelre. Hij breidde de borg uit met een vierkante ringmuur en torens op iedere hoek. Ook bouwde hij een poortgebouw voor gevangenen. Hij was daar nog maar nauwelijks mee klaar toen Karel V de borg veroverde en in leen gaf aan George

De Borg te Wedde in het uitgestrekte Groninger land

Schenk van Toutenburg. In de 16e eeuw vonden op de borg heksenprocessen plaats en belandden negentien vrouwen op de brandstapel.

Door de eeuwen heen werd de borg door allerlei troepen geregeld aangevallen en bezet. Het is dan ook geen wonder dat de borg in de 19e eeuw behoorlijk vervallen was. Van de trotse torens en verdedigingswerken was niet veel meer over. Op het nippertje werd Te Wedde gered van de slopershamer. Tegenwoordig is de borg eigendom van de gemeente Bellingwedde.

www.burchtwedde.nl

Wapenschild bij de Borg te Wedde

Help, de Vikingen komen!

Al in de tijd van Karel de Grote waren de mensen bang voor de Vikingen. Tussen 800 en iets na 1000 kwamen de Noormannen – zoals ze ook worden genoemd – in hun houten drakenschepen vanuit het noorden hier naartoe om te handelen en te plunderen. Voor deze Vikingen was er geen verschil. Als je iets niet kon kopen, dan pakte je het gewoon. Sommige Vikingen gingen weg uit hun land omdat er geen plek meer voor hen was. Anderen waren gewoon op avontuur uit.

De Vikingen hielden van vechten en vernielden alles wat ze tegen kwamen. Zo brandden ze Utrecht plat en maakten ze Dorestad zo vaak met de grond gelijk dat deze handelsstad niet meer werd opgebouwd.

Na het jaar 1000 stopten de aanvallen. De mensen hadden sterke ringwalburgen – een soort vluchtheuvels – gebouwd waar ze zich konden verschansen. Ook werden de Vikingen een paar keer verslagen door sterke legers.

De Vikingen hebben trouwens wel hun sporen achtergelaten. Zo hebben ze de mensen hier geleerd hoe je boter moest maken. Veel lekkerder dan de sterke reuzel – een soort vet – die mensen eerst gebruikten.

3 | *Van rond naar vierkant, van toren naar kasteel*

Verschillende kasteeltypes in de loop der eeuwen

De architecten van de middeleeuwen bedachten steeds nieuwe vormen voor hun kastelen. Niet alleen werd het wooncomfort in de loop der tijd belangrijker, ook de nieuwe mogelijkheden van verdediging vroegen om aanpassing van het ontwerp.

Poortgebouw van Oostvoorne

'Hij woont in een kasteel van een huis', hoor je nogal eens zeggen. Een uitspraak waarin meestal de nodige jaloezie doorklinkt. Begrijpelijk, want kastelen zijn over het algemeen groot en imposant. Er moest immers een legertje soldaten in passen, plus de kasteelheer en zijn familie. Toch zijn niet alle kastelen zo groot begonnen als we ze nu kennen. Kasteel Doorwerth bijvoorbeeld werd in de 13e eeuw gebouwd als een rechthoekige woontoren. Een eeuw later was het al drie keer zo groot en pas vanaf de 16e eeuw kreeg het zijn huidige uiterlijk. Een kwestie van geld waarschijnlijk. Want ook in die tijd was de bouw van een kolossaal pand niet aan iedereen voorbehouden. Dan maar klein beginnen en verbouwen zodra de financiën dat toelieten.

Foto linkerpagina: *Kasteel Hernen*

Veranderingen in uiterlijk waren ook een gevolg van voortschrijdend inzicht in verdedigingsvormen. Zo werden er later uitspringende torentjes, zogenaamde arkeltorens, aan de gevels gebouwd. Vanuit die torentjes kon men de vijand beter belagen wanneer die al bijna onder de kasteelmuur stond. Op oude prenten van de Burcht van Oostvoorne is goed te zien dat het poortgebouw van arkeltorentjes was voorzien. Indien nodig brak men soms zelfs een deel van het kasteel af, zodat men nieuwe, betere bouwwerken kon neerzetten. Bij het imposante kasteel Hoensbroek in Zuid-Limburg zie je bijvoorbeeld een samenraapsel van enkele eeuwen bouwgeschiedenis. Delen van het oudste kasteel werden afgebroken of ze stortten in. In een later tijdperk zette men er gewoon iets anders neer. Vanaf de straat zijn de verschillen in bouw goed te zien: de 14e-eeuwse ronde toren links (met drie meter dikke muren) heeft smalle ramen, kenmerkend voor de middeleeuwen. Daarnaast staat een 18e-eeuws paleisje met brede ramen, terwijl de ramen van het rechterdeel weer iets smaller zijn. Dit deel stamt uit de 17e eeuw.

Een en ander betekent dat de kastelen die we nu zien, zelden lijken op het kasteel in de oorspronkelijke staat. Sterker nog, de meeste middeleeuwse kastelen die nog bestaan, zijn door de eeuwen heen zo vaak opnieuw opge-

Foto links: *Kasteel Doornenburg*

Foto rechts: *Huis Bergh*

Foto links:
Links de middeleeuwse toren van Hoensbroek, rechts de 17e-eeuwse aanbouw en midden de brede vensters, kenmerkend voor de 18e eeuw

bouwd en gerestaureerd, dat het woord 'middeleeuws' strikt genomen nauwelijks nog van toepassing is.

MOTTEKASTEEL

Het oudste middeleeuwse kasteeltype waarvan in Nederland nog zichtbare restanten over zijn is het mottekasteel. Dit kasteel werd gebouwd op een kunstmatige aarden heuvel, de motte, vaak met een gracht eromheen. Vanaf de hoge motte kon men de omgeving goed in de gaten houden en bovendien was het makkelijker om van hieruit het kasteel te verdedigen. Te paard kon de vijand immers niet naar boven komen en omhooggeschoten pijlen hadden minder effect dan de pijlen die de verdedigers vanuit hun hoge positie af konden schieten.
Ter extra bescherming bouwde men op de motte een palissade. Dit waren houten palen die tegen elkaar aan in de grond werden geslagen en zo een stevige verdedigingsmuur vormden. Later werd deze palissade vaak vervangen door een stenen muur. Binnen zo'n palissade stond een eenvoudige donjon. Dit is de hoofdtoren van een kasteel. Deze toren van twee of drie verdiepingen diende niet alleen ter verdediging, zoals veel muurtorens, maar er werd ook in gewoond.
Voor meer gebouwen was op een motte gewoonweg geen plaats. De heuvel liep namelijk schuin naar boven op, zodat de diameter aan de bovenkant soms niet meer dan 20 meter was. Daarom was een voorburcht zo praktisch, een burcht aan de voet van de motte die meestal ook was omgeven door een palissade. In tijden van vrede woonde de kasteelheer daar en als er gevaar dreigde kon hij zich altijd nog in de toren op de motte terugtrekken. Bij een mottekasteel was de verdedigingsfunctie dan ook belangrijker dan woonfunctie.
Een voorburcht vormde in feite een kleine gemeenschap. Want de kasteelheer en zijn vol-

ZUINIGE MIDDELEEUWERS

In de middeleeuwen was men heel wat minder spilziek dan wij in onze dagen. Werd er ergens een kasteel afgebroken, dan werden de stenen bewaard zodat ze in een ander kasteel aan een nieuw leven konden beginnen.
Zo moesten begin 16e eeuw hekken rond de Burcht van Oostvoorne (zie blz. 43) ervoor zorgen dat de dorpelingen er niet met de stenen vandoor gingen. Die lagen keurig opgestapeld nadat delen van de voorburcht waren afgebroken. Spoedig daarna werd alles verkocht, omdat de stenen en het sloophout anders toch maar gestolen zouden worden.
In 1778 sloopte men de ruïne van de Dikke Tinne (kasteel in het Overijsselse Hattem) speciaal om de stenen te verkopen. En kasteel Radboud te Medemblik (zie blz. 61) werd in 1578 ontmanteld zodat men de stenen kon gebruiken voor de dijken die het land tegen de Zuiderzee moesten beschermen.

MOTTEKASTEEL

Wat? *Een kasteel gebouwd op een motte, een tot minstens drie meter hoogte opgeworpen aarden heuvel. Daardoor lag er rond de motte een gracht, die soms met water was gevuld. Vaak had het kasteel aan de voet van de motte nog een (omgrachte) voorburcht, waar de kasteelheer woonde.*

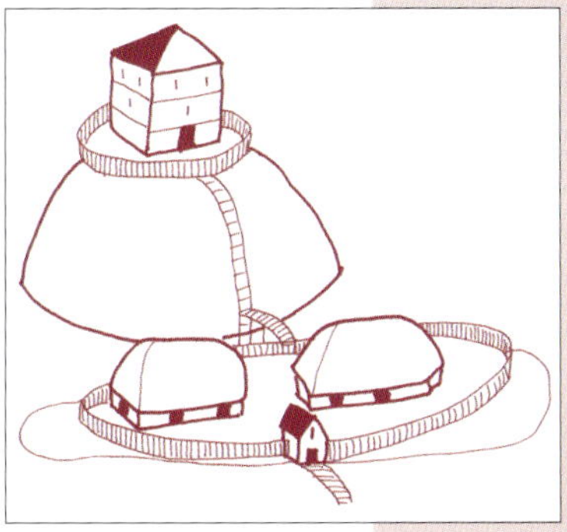

Wanneer? *11e-13e eeuw*

Zichtbare voorbeelden:

Leidse Burcht - Leiden (O)
Huys Kessel – Kessel (O)
Schierstins – Veenwouden, F. (O)
Ruïne van Stein – Stein (BT)
Ruïne van Oostvoorne – Oostvoorne (O)
Kasteel Limbricht te Limbricht (17e-eeuws kasteel op middeleeuwse motte) (H)
Ruïne van Batenburg – Batenburg, Gld. (BT)
Kasteel Coevorden – Coevorden (O)
Ruïne van Kuinre – Kuinre (O)
Huis Bergh – 's Heerenberg (O)

O = open voor publiek
BT = beperkt toegankelijk
H = Horeca

gelingen moesten er kunnen eten en drinken, maar ook op zondag naar de kerk gaan. Dus was er vaak een kapel, stonden er onder meer stallen voor het vee, graanschuren, een brouwerij, een smidse en een waterput. Maar ook de motte had een waterput, anders had men tijdens een belegering niet de beschikking over drinkwater.

Bij de vroege mottekastelen was niet alleen de palissade van hout, ook de gebouwen werden vaak uit hout opgetrokken. Natuursteen was te duur (zie blz. 13), en bovendien moest een kunstmatig opgeworpen heuvel eerst inklinken voordat er een zwaar stenen gebouw kon worden neergezet.

Deze mottekastelen van aarde en hout waren relatief goedkoop en gemakkelijk en daardoor snel te bouwen. De stenen ringmuren en donjons zijn dus vrijwel altijd van later datum dan de motte zelf.

Een alternatief voor een motte was eerst een stenen toren te bouwen en die later rondom aan te aarden, zodat je toch een soort motte kreeg. Dat is het geval bij de Friese Schierstins (zie blz. 16).

Soms werd een motte later hergebruikt. Dat is goed te zien bij het Limburgse kasteel Limbricht. In de 11e eeuw stond er waarschijnlijk een houten toren op deze motte, die een eeuw later werd vervangen door een stenen exemplaar. Begin 17e eeuw liet de kersverse eigenaar Nicolaas van Breyll de middeleeuwse motte afvlakken, zodat hij er een gloednieuw kasteel met een voorburcht kon neerzetten.

Veel mottekastelen zijn later zodanig verbouwd, dat er van de motte zelf weinig meer over is. Bij Leiden, Kessel, Stein, Oostvoorne en Limbricht is de heuvel nog herkenbaar.

Foto boven:
Een middeleeuwse motte met het 17e-eeuwse kasteel Limbricht

Foto onder:
De weergang van de Leidse Burcht

De ruïne van Stein

Huys Kessel

Naast de ruïne van Huys Kessel staat een grafkruis. Het is een herinnering aan baronesse Mathilde van Keverberg d'Aldengoor, de laatste adellijke bewoonster van dit kasteel, die hier in 1858 werd geboren. De Van Keverbergs erfden het kasteel in 1779 en om die reden heet Huys Kessel in de volksmond ook wel de Keverberg. Overigens zou de eerste Van Keverberg, baron Caspar, zijn verdronken in de Maas en nog steeds in de buurt rondspoken.

Maar het begon allemaal met de graven van Kessel. Nadat hun eerste kasteel, een donjon uit ca. 1000, deels was afgebroken, lieten zij rond 1150 op en om de restanten ervan een motte opwerpen. Daar werd een ovale ringmuur van mergelsteen op gebouwd met een inpandige toren en weergang. De muur is tegenwoordig nog goed herkenbaar, ook al is er later het een en ander aan- en bijgebouwd – en weer verdwenen.

Huys Kessel

Vanaf de Maas kun je de ringmuur goed zien. Een machtig bolwerk, dat de schepen op de rivier niet konden negeren. De ringburcht werd in eerste instantie dan ook gebouwd om tol te heffen, een recht dat de graven van Kessel bezaten. Daarnaast controleerden de graven van hieruit het belangrijke snelverkeer over de Maas plus de Maasovergang die deel uitmaakte van de verbinding tussen Brabant en Keulen.

Voor bewoning werd de burcht toen nog niet gebruikt. De graven hielden zich meestal in het Rijnland op en lieten de bewaking van de burcht aan bewakers over. Als ze in de buurt waren, verbleven ze gewoonlijk op de Gravenhof, 200 meter verderop.

Tot ze rond 1250 financieel aan lager wal raakten en toch maar woonruimte in de burcht gingen bouwen. Dat was niet gemakkelijk met de ronde muur en de kantelen van de weergang. Daarom verhoogden ze een deel van de kantelen en vulden ze de openingen ertussen op. Zo ontstond een doorlopende, maar nog wel ronde muur, die als ondersteuning kon dienen voor het dak.

Omdat het verder bergafwaarts ging met de graven, verkocht de laatste graaf van Kessel, Hendrik V, het kasteel in 1279 aan de machtige graaf van Gelre. Die zette een kastelein (beheerder) in de burcht en diens familie ging zich Van Kessel noemen. Deze Van Kessels creëerden rond 1350 meer woonruimte door aan de dorpskant een donjon te bouwen, een woontoren. De nu nog bestaande ingangstoren werd zo'n vijftig jaar later toegevoegd. De eveneens nog aanwezige trappen en terrassen stammen uit de 17e en 18e eeuw.

Vanaf 1888 diende Huys Kessel als klooster en meisjespensionaat, tot de Duitsers er in de

Kanteel van Huys Kessel

Tweede Wereldoorlog hun intrek namen. In 1944 sloegen zij op de vlucht, maar helaas staken zij eerst nog wel het kasteel in brand. Daardoor gingen het interieur en ook delen van de buitenkant voorgoed verloren. Wat rest zijn de fraaie ruïnes van enkele eeuwen bouwgeschiedenis. Tegenwoordig wordt de burcht gebruikt als openluchttheater.
www.shakespearelimburg.nl

Burcht van Oostvoorne

De bekendste vrouwe van Voorne (1433-1436) is Jacoba van Beieren. Om die reden wordt deze burcht soms zelfs Jacobaburcht genoemd. Toch zal ze er niet meer dan enkele maanden hebben gewoond. Wel met een uitgebreide hofhouding trouwens. Bij haar dood in 1436 in Teylingen werden als bezittingen in Oostvoorne onder meer 32 bedden genoemd. Verder 34 kussens, 29 dubbele dekens, nog eens 6 groene kussens en diverse stoelen en kisten.

De burcht bestond al sinds de 12e eeuw. Net als vroeger betreedt de bezoeker eerst een poorttoren met ruim anderhalve meter dikke muren. Daar waar ooit de poorten zaten, zijn de sleuven nog zichtbaar, waarin de balken pasten: die werden als extra beveiliging voor de poort geschoven. Via een stenen trap kom je vervolgens op de motte.

Het is overigens aan opgravingen in 1934 te danken dat de bezoeker van Oostvoorne dit mottekasteel kan bewonderen. Hoewel archeologen toen niet meer dan de fundamenten van het mottekasteel konden blootleggen, geven die toch een goede indruk van de middeleeuwse burcht. De voorburcht, waar de kasteelheer woonde, is helaas verdwenen.

De machtige heren van Voorne bouwden de

Sleuf in de poort van Oostvoorne

RIETEN DAKEN

De vroegste kastelen waren niet met dakpannen of leistenen gedekt, zoals we ze tegenwoordig kennen. Riet was een heel normale dakbedekking, dat soms pas laat in de middeleeuwen werd vervangen door steviger materiaal. Bij de Burcht van Oostvoorne gebeurde dat rond 1389, het Muiderslot (zie blz. 71) kreeg in 1450 een leien dak. Een stuk veiliger ook, omdat riet uiterst brandbaar is.

burcht eind 12e eeuw om de monding van de Maas te verdedigen. Het hier aanwezige duin werd verhoogd zodat een motte ontstond. Daarop kwam een bakstenen ringmuur met weergang. Behalve de poorttoren had deze muur nog een vierkante en drie halfronde torens.

De vierkante toren gaf uitsluitend toegang tot het noordelijke deel van de weergang. Voor de zuidkant moest je vanaf het plein een aparte trap op. Deze constructie had een tactische reden: de vijand had op deze manier niet in één keer de hele burcht in handen.

Het probleem van bouwen op een motte blijkt hier duidelijk: de ringmuur moest in de loop der tijd regelmatig worden vernieuwd, omdat

De contouren van de ronde toren van Oostvoorne

De deels gerestaureerde wenteltrap naar de kelder van Oostvoorne

Jacobakannetje, *zie blz. 69*

de muur was verzakt of afbrak. De wel diep gefundeerde donjon in het midden was waarschijnlijk twee verdiepingen hoog. Daarvan is alleen een deel van de overwelving van de kelder zichtbaar, met kaarsennissen voor de verlichting. Op een van de hoeken ligt een stuk van de (gereconstrueerde) wenteltrap. Later werd er een aparte traptoren aan de donjon vast gebouwd. Aan de restanten is te zien dat dit niet bepaald een solide constructie was.

De heren van Voorne waren leenman van de graaf van Holland. Maar ze waren in de loop der tijd zo invloedrijk geworden, dat ze hun eigen gang gingen en nauwelijks in een afhankelijke positie verkeerden. Geen wonder dat ze zich een dergelijke machtige burcht konden veroorloven.

Door de vondst van grafelijke rekeningen is vooral het een en ander bekend over de tijd na 1373. Dat er een badhuis was bijvoorbeeld, en dat het kasteel in 1388 behoorlijk smerig moet zijn geweest. Zes dagen lang werkten vier knechten aan het schoonmaken en opruimen ervan.

www.oostvoorne.org/burcht

ROND EN VEELHOEKIG

De eerder genoemde heruitvinding van baksteen (zie blz. 13) maakte het mogelijk grotere kastelen te bouwen met wat meer wooncomfort. Een toren op een motte bood namelijk niet meer dan enkele vertrekken boven elkaar, reden waarom de kasteelheer meestal in de voorburcht woonde.

Voor meer ruimte werd de kunstmatige heuvel verlaten. Maar de ronde muur bleef, alleen werd deze nu omgeven door een gracht. Daarom worden deze 'nieuwe' kastelen ook wel waterkastelen genoemd. Met de aarde uit de uitgegraven gracht werd een verhoging opgeworpen, zodat het kasteel meestal toch nog

RONDE EN VEELHOEKIGE KASTELEN

Wat? *Een rond kasteel of een kasteel met meer dan vier hoeken, veelal omgeven door een gracht.*

Wanneer? *12e-14e eeuw*

Zichtbare voorbeelden:

Kasteel Horn – Haelen (P, NT)
Ruïne van Teylingen – Voorhout (O)
Kasteel Borgharen – Borgharen (H)
Ruïne van Batenburg – Batenburg, Gld. (BT)
Kasteel Montfort – Montfort, L. (O)
De ruïne vlak bij het 16e-eeuwse Slot Moermond – Renesse (H)
Huis Bergh – 's Heerenberg (O)
Kasteel Waardenburg – Waardenburg, Betuwe (BT) alleen noordelijk deel bleef behouden nadat het in 1574 door de troepen van Willem van Oranje was ingenomen.
Ruïne van Geysteren – Geijsteren, L. (NT)
Slotruïne van Egmond – Egmond aan den Hoef (O)

O= open voor publiek
BT=beperkt toegankelijk
H=Horeca
P=particulier bewoond
NT=niet toegankelijk

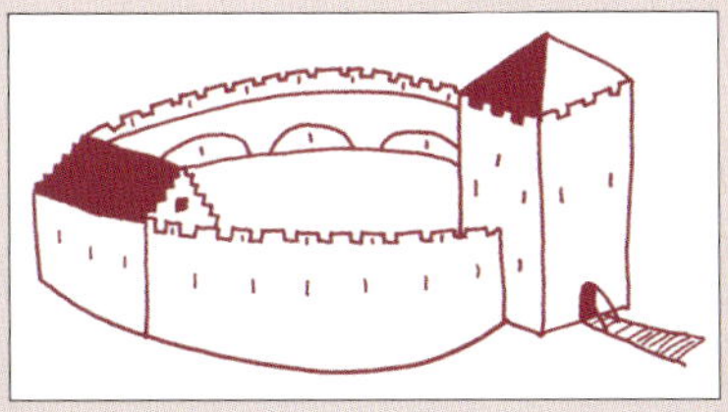

Foto rechtsboven en -midden:
Huis Bergh: van motte naar afgevlakte motte

Foto rechtsonder:
Het veelhoekige kasteel Montfort, met woonruimte aan de rechte zijde

iets hoger lag dan de omgeving, uit verdedigingsoogpunt wel zo praktisch.
Soms ook werd een motte ten dele afgegraven zodat er ruimte kwam voor een wat groter kasteel. De kasteelheren ommuurden de motte aan de onderkant waarna ze de loze ruimte tussen motte en muur – de motte liep immers taps toe – met de afgegraven aarde opvulden. Zo kregen ze een grotere en stevigere bodem. Binnen de ronde of veelhoekige ommuring werden vervolgens nieuwe gebouwen opgetrokken, van hout of steen. Dit is waarschijnlijk gebeurd bij Huis Bergh.
Een rond kasteel bestond net als een mottekasteel meestal uit een ringmuur met een of meer torens. De ruïne van Teylingen laat goed zien hoe zo'n rond kasteel er in zijn oervorm kon uitzien (zie ook blz. 68).
Een variant hierop, eigenlijk een voorloper van het vierkante kasteel, is het veelhoekige kasteel. Dit was een duidelijke verbetering ten opzichte van de ronde vorm, omdat vanuit de vele hoeken de vijand gemakkelijker te bestoken was dan vanuit een rond kasteel, waar je altijd dode hoeken had. De verdedigbaarheid werd nog vergroot door dergelijke kastelen uit te rusten met uitspringende torens.

Een niet onbelangrijk voordeel van het meerhoekige kasteel was dat er rechte muren waren. Wel zo handig als je er ook in wilde wonen, want tegen die rechte muren waren gemakkelijker woonvertrekken te bouwen. De ruïne van Montfort laat zien hoe die rechte muur benut is voor woonvertrekken (zie blz. 45).

Huis Bergh

Bij nadering van Huis Bergh vanuit het stadje 's Heerenberg denk je in eerste instantie met een vierkant kasteel te maken te hebben. Je ziet immers rechte muren uit het water oprijzen. Maar zoals zo vaak is dit het resultaat van latere verbouwingen en aanpassingen. Ooit was Huis Bergh echt een rond, of liever veelhoekig kasteel.

Nog eerder, we spreken nu over circa 1240, was Huis Bergh zelfs een mottekasteel. Op een zandplaat in het moeras richtte Henrick van Bergh hier een tufstenen woontoren met poortgebouw op. Op een ander eilandje bouwde hij de voorburcht, waar nu onder meer het restaurant ligt. Die ruimte diende destijds voor de voorraden.

De ligging in het moeras maakte dit kasteel van meet af aan goed verdedigbaar.

Burcht en voorburcht waren omgeven door houten palissades, die later werden vervangen door bakstenen muren. De motte is daarbij waarschijnlijk uitgebreid. De elfhoekige stenen muur is namelijk aan de voet van de motte gebouwd, waarna de motte werd afgevlakt en dus vergroot. De muur rond de toren kreeg vier kleine torens. Vervolgens werd nog voor 1400 de tufstenen toren uit 1240 afgebroken, waarna het huidige kasteel geleidelijk vorm kreeg.

De heren van Bergh deden meer dan kastelen bouwen. Huwelijken werden met beleid gesloten en op die manier wisten ze hun gebied

Huis Bergh

Plavuizen in Huis Bergh

Tufsteen in Huis Bergh

flink uit te breiden. Het werden de rijkste en machtigste heren in de omgeving. Rond 1450 werden de heren van Bergh zelfs graaf, met alle privileges, rechten en aanzien die daarbij hoorden. Dat vroeg om een ruimer onderkomen en zo verscheen er een imposante vierkante toren met ernaast een zaalbouw met ridderzaal. De fraaie plavuizen in deze zaal stammen nog uit die tijd. De toren heeft uitspringende torentjes op de vier hoeken, zogenaamde arkeltorens.

In de muur rond de voorburcht lieten de nieuwbakken graven de drie torens optrekken, die nu nog zichtbaar zijn. Een van de torens diende als gevangenis en kruittoren, in een andere werd recht gesproken en in de derde waren een brouwerij en een bakkerij ondergebracht.

Rond 1600, toen de noodzaak van verdediging voorbij was en een kasteel vooral de status en het comfort diende, kreeg Huis Bergh een paleisachtige uitstraling. Het hoofdgebouw werd uitgebreid met een extra verdieping en een aanbouw, waardoor het ronde silhouet van de burcht verdween. In de loop der jaren werd er aan de voorkant een bordes met sierlijke trappen toegevoegd, de gevel werd wit gekalkt en de vierkante toren werd voorzien van een elegante spits.

Helaas is het kasteel tot twee keer toe volledig uitgebrand. De eerste keer in 1735, en twee eeuwen later, in 1939, nog een keer. Daarna is het gelukkig geheel gerestaureerd.

Ondanks de latere toevoegingen is het middeleeuwse karakter van vooral de toren en de voorburcht behouden gebleven. Verder zijn in de voorgevel van de zaalbouw nog de resten tufsteen te zien van de toren die hier in 1240 stond. Vanaf de voorburcht kan de oplettende bezoeker in de muur van de vierkante toren zelfs de contouren van het poortgebouw uit 1240 onderscheiden.

www.huisbergh.nl

Kasteel Horn

Wie de rechthoekige voorkant van dit particulier bewoonde kasteel in het Limburgse Haelen bekijkt, zou niet denken dat dit in de 13e eeuw als een rond, licht ovaal kasteel werd gebouwd. Maar een wandelingetje eromheen verraadt de fraaie ronde vorm en de imposante bouw. Dan zijn ook de twee halfronde hoektorens die in de ringmuur zijn gebouwd, goed te zien. De ringmuur werd overigens al snel verhoogd en in de 19e eeuw werden enkele bogen in deze muur doorgebroken, zodat je er vanaf de binnenplaats doorheen kunt kijken.

Kasteel Horn

Oorspronkelijk waren er vier halfronde hoektorens; twee daarvan zijn in de 15e eeuw afgebroken om plaats te maken voor ruimere woonvertrekken. Toen werd ook een nieuw poortgebouw neergezet, omdat de oude, uitspringende, poorttoren bij de woonruimte werd getrokken. Het is ongetwijfeld geen toeval dat in diezelfde 15e eeuw de heren van

VIERHOEKIGE KASTELEN

Wat? *Een vierkant kasteel met ronde en/of vierkante hoektorens*

Wanneer? *Vanaf eind 13e eeuw*

Zichtbare voorbeelden:

Muiderslot – Muiden (O)

Kasteel Ammersoyen – Ammerzoden (O)

Kasteel van Helmond – Helmond (O)

Kasteel Medemblik – Medemblik (O)

Ruïne van Brederode – Santpoort, NH. (O)

Kasteel Rosendael – Rozendaal (O) Alleen toren is over.

O= open voor publiek

Horn en Altena – die de burcht in leen hadden van de graven van Loon – zelf tot graaf werden verheven. De uit onze vaderlandse geschiedenis beroemde graaf van Hoorne die in 1568 wegens hoogverraad in Brussel werd onthoofd, is in feite de graaf van Horn. Hij was de stiefzoon van de laatste volbloed Van Horn.

VIERHOEKIG

Was het graaf Floris V (1254-1296) die dit type kasteel in de lage landen heeft geïntroduceerd? Kende hij het kasteeltype door zijn nauwe band met de Engelse koning Edward I, die in Wales diverse vierkante kastelen liet bouwen? Of was er sprake van Franse invloed via Floris' tante Aleid van Avesnes, weduwe van de graaf van Henegouwen en de zuster van zijn vader? Hoe het ook zij, Floris bouwde diverse vierkante kastelen, een kasteeltype dat in die tijd dominant was in Frankrijk en Engeland. Het meest bekend is wel het door Floris V gebouwde Muiderslot; met zijn vier hoektorens is dit hét voorbeeld van een vierkant kasteel. Een kasteel met koninklijke allure (zie blz. 71).
Over het algemeen heeft een vierkant kasteel een ommuurd binnenplein met twee of drie woonvleugels langs de zijden. Op de vier hoeken staan vierkante of ronde torens en uiteraard is er een toegangspoort, al dan niet met ophaalbrug.
In oudere kastelen was de zaal nog een algemene ruimte waar gegeten en geslapen werd, maar waar ook bestuurlijke zaken werden geregeld en bezoek werd ontvangen. In de modernere, vierkante kastelen werden deze functies gescheiden. Er kwam een apart woonvertrek voor de kasteelheer, meestal grenzend aan de zaal. In de zaal ontving hij bezoek en handelde hij zijn zaken af. Daarboven waren

Het Muiderslot

De zaal van kasteel Ammersoyen

vaak de slaapvertrekken. Uit opgravingen is gebleken dat de keuken zich meestal vlak bij de zaal bevond, maar ook wel in de kelder.
Hoewel het vierkante of rechthoekige kasteel vanaf de 14e eeuw populair was, werden maar weinig vierkante kastelen in één keer neergezet. Daarvoor had je immers veel geld en mankracht nodig en de nodige macht. De vierkante kastelen die wel in één keer werden gebouwd, waren meestal dan ook grafelijke kastelen met een belangrijke defensieve functie. Denk aan de vijf dwangburchten van Floris V (zie blz. 33).

Kasteel Helmond

De grote ramen passen weliswaar niet in dit 14e-eeuwse kasteel, toch is één blik voldoende om vast te stellen dat we hier met een middeleeuws kasteel te maken hebben: een kasteel met vier robuuste hoektorens omgeven door een gracht. Wie goed kijkt, ziet de schietsleuven nog zitten. In de ringmuur, naast de poort, zijn enkele schietgaten later zelfs verbouwd tot een sleutelgatvorm, zodat men er met haakbussen – een voor die tijd modern vuurwapen – doorheen kon schieten.
Aan de binnenkant toont alleen de kelder nog sporen van de middeleeuwen. Niet alleen omdat daar een deel van het gemeentemuseum is gevestigd met diverse middeleeuwse artefacten, maar ook omdat je daar een middeleeuwse waterput kunt zien, die in 2004 werd teruggevonden. Honderden middeleeuwse gebruiksvoorwerpen en etensresten (botten!) kwamen bij het uitgraven daarvan tevoorschijn. Ze staan nu deels in het museum. De oude zaal is helaas begin 20e eeuw, toen Helmond als gemeentehuis ging dienen, verbouwd tot losse kamers.
De Heerlijkheid Helmond werd al begin 1200 door Hendrik I, hertog van Brabant, gekocht. Hij was dus heer van Helmond. Een van zijn opvolgers beleende in 1314 de Brabantse edelman Jan Berthout van Berlaer met de heerlijkheid. Deze Van Berlaer of diens zoon Lodewijk bouwde het huidige kasteel – ongetwijfeld om zijn positie als nieuwe heer van Helmond duidelijk te maken. Daarvoor hebben de Van Berlaers het oude kasteel – 't Oude Huys – verlaten.
Het huidige kasteel is overigens niet in één keer opgetrokken. Dat had zowel met financien te maken als met een tekort aan bouwlieden. De muren en de torens werden pas veel

Foto boven: *Schietgaten van kasteel Helmond in sleutelgatvorm*

Foto onder: *Kasteel Helmond*

later opgehoogd; ook op uitbreiding van de woonvertrekken moesten de bewoners nog even wachten.

www.gemeentemuseumhelmond.nl

Ruïne van Brederode

Een vroeg vierkant kasteel is dat van Brederode in het plaatsje Santpoort. Hoewel het verval al vanaf de 16e eeuw inzette, is de ruïne nog steeds indrukwekkend. Dat komt mede doordat men in de 19e eeuw is begonnen het kasteel voor verdere achteruitgang te behoeden. In die tijd was een groot deel bedolven onder het duinzand. Dat werd weggehaald en hier en daar heeft men zelfs de restanten van dit eens zo machtige kasteel opgebouwd.
Waarschijnlijk begon Willem I van Brederode al aan het eind van de 13e eeuw met de bouw van het kasteel. Deze machtige man was zo goed bij kas, dat hij geld leende aan de Hollandse graaf Floris V. Kasteel Brederode wordt echter pas in 1321 voor het eerst genoemd. In die tijd bestond het uit een hoofdburcht, een voorburcht en een voorhof, die door grachten en loopbruggen van elkaar werden gescheiden. Langs twee zijden van de vierkante hoofdburcht bevonden zich de woonvertrekken.
Nadat de Brederodes de kant van de Hoeken hadden gekozen (zie blz. 32), veroverden de Kabeljauwen het kasteel in 1351 na een beleg van enkele maanden. Het kasteel was zo gehavend dat Dirk III van Brederode het daarna opnieuw moest opbouwen. Daarbij maakte hij gebruik van de oude funderingen en muurresten.
In 1426 was Brederode opnieuw slachtoffer van een aanval, dit keer van de stad Haarlem. De troepen verwoestten vooral het zuidelijke deel, waarvan nu de contouren nog zichtbaar zijn. De heren van Brederode verhuisden daarop naar hun andere kasteel, Slot Batenstein bij Vianen.

Maquette van kasteel Brederode

De ruïne van Brederode nu

WOONTORENS

Wat: *Vierkante of rechthoekige torens van enkele verdiepingen met op elke verdieping één vertrek. De ingang lag meestal op de eerste verdieping. Sommige woontorens werden later uitgebreid tot een groter kasteelcomplex*

Wanneer? *Vanaf ca. 1225*

Zichtbare voorbeelden:

De Thooren – Maasniel, L. (P, NT)
't Huys Dever – Lisse (O)
Walenburg – Langbroek, U. (P, NT)
Lunenburg – Neerlangbroek, U. (P, NT)
Kastelen die een uitbreiding zijn van een woontoren:
Kasteel Doorwerth – (O)
Slot Loevestein – (O)
Den Ham – Vleuten (P, NT), alleen toren nog over.
Slot Haamstede – Burgh Haamstede (O)
Kasteel Duurstede – Wijk bij Duurstede (O)
Ruïne van Heenvliet – Heenvliet, ZH (O)
Kasteel Doornenburg – Doornenburg (O)
Borg te Wedde – (NT)
Kasteel Hernen – (O)
Nederhemert – Nederhemert-Zuid (P, BT)

O= open voor publiek
BT=beperkt toegankelijk
P=particulier bewoond
NT=niet toegankelijk

Onder Reinoud II van Brederode werd in de tweede helft van de 15e eeuw het noordelijke deel van het kasteel toch nog hersteld, waarna zijn weduwe in dat deel ging wonen. Maar weer ging het mis: in 1491 lag ook dit deel in puin na een aanval door Duitse huurlingen tijdens de Kaas- en Broodopstand. Boeren uit het huidige Noord-Holland protesteerden toen tegen belastingverhogingen en voedselschaarste. Een kleine eeuw later gaven de Spanjaarden het kasteel de genadeslag.

Wat rest van het kasteel zijn twee vierkante hoektorens, een middentoren en een muur van de vroegere woonvertrekken. Vanaf de top van de min of meer gerestaureerde torens kun je goed de contouren van de overige twee torens zien, waarvan er een rond is.

www.kastelenhollandzeeland.nl/brederode.htm

WOONTORENS

Ongetwijfeld keek een ambitieuze edelman of ridder enigszins jaloers naar de machtige kastelen van degenen die het voor het zeggen hadden. Maar voor zo'n fors pand was nu eenmaal kapitaal nodig en dat had niet iedereen. Gelukkig was er een alternatief: de woontoren. Dit is een gebouw van twee tot vier verdiepingen die elk één vertrek herbergen. Een alternatief was een zaaltoren, waar elke verdieping uit twee kamers bestond.

Houten woontorens en torens van vakwerk bestonden al heel vroeg. Daarvan is uiteraard niets meer over en er is verder weinig over bekend. Vanaf ca. 1225 kwamen de stenen woontorens in zwang – met een weergang en rondom een gracht en/of palissade of muur. Ze werden voornamelijk gebouwd door eenvoudige edellieden, die geen geld hadden voor een groot kasteel en zich op deze manier toch konden verdedigen. Of ze bouwden een woontoren voor de status. Voor hen was een dergelijk kasteel het hoogst haalbare.

Zoals het woord 'woontoren' al aangeeft, werd hierin gewoond. Een toren van drie verdiepingen had boven de kelder een ontvangstruimte, daarboven het woonvertrek met schouw, en

De 14e-eeuwse woontoren van kasteel Duurstede

Borg te Wedde is in de 14e eeuw begonnen als woontoren

daarboven werd geslapen. Tot slot was er een zolder en/of een weergang met kantelen. Bij minder verdiepingen werden ruimtes gecombineerd: de heer ontving in zijn woonvertrek, of men sliep ook in die ruimte. De keuken bevond zich op de begane grond of de eerste verdieping, maar kon ook als los gebouwtje buiten de toren zijn geplaatst.

De kantelen bovenop en schietsleuven zorgden ervoor dat het kasteel verdedigbaar was. Er was een ophaalbrug over de gracht en de ingang met trap lag meestal op de eerste verdieping. In geval van nood kon de kasteelheer de trap in brand steken zodat eventuele aanvallers het kasteel niet in konden. Soms was er alleen een eenvoudige ladder die in zo'n geval naar binnen kon worden gehaald. De – veelal vensterloze – voorraadkelder met gewelfd plafond lag half boven, half onder de begane grond en was meestal alleen van binnenuit bereikbaar. Zo bleven de voorraden – en de rest van het kasteel – onbereikbaar voor de vijand. Er zijn overigens ook woontorens met een gewone ingang, al dan niet met een overdekte buitentrap. Een ingebouwde wenteltrap leidt dan naar de overige verdiepingen. Soms had de toren arkeltorentjes, uitspringende torens die de verdedigers een beter overzicht op de vijand gaven.

Doorsnede van een woontoren

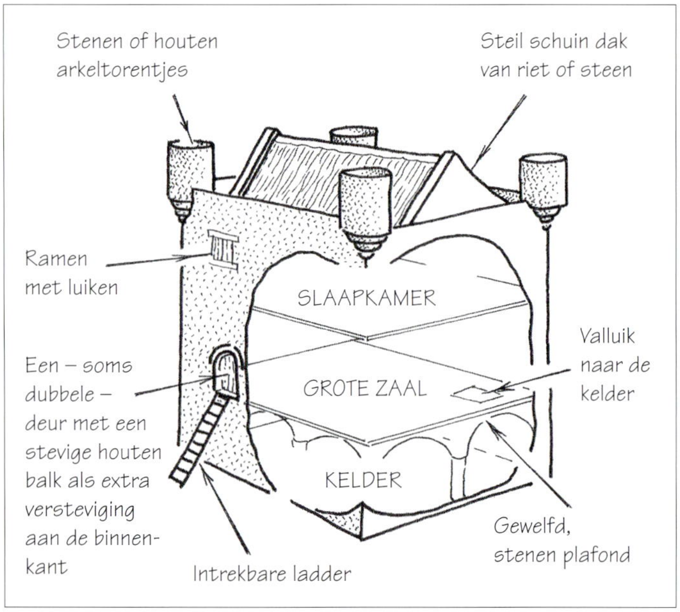

Ophaalbrug van Slot Loevestein

Het bleef niet altijd bij een eenvoudige woontoren. Een woontorenbezitter die het financieel voor de wind ging, kon zijn kapitaal steken in verdere uitbreiding van zijn pand. Zo ontstonden in de loop der tijd forse kastelen die beter te verdedigen waren dan de eenvoudige woontoren. Voorbeelden van dergelijke geleidelijk gegroeide kastelen zijn Loevestein en Duurstede.

In de middeleeuwen stonden vooral in Groningen en Friesland veel torens. Ze heten daar nu respectievelijk 'borgen' en 'stinsen', wat in feite niet meer betekent dan een 'versterkt, stenen huis'. Uitbouw tot grotere, verdedigbare kastelen was daar nauwelijks nodig, omdat er geen grote conflicten werden uitgevochten. Lokale vetes bestonden er echter wel degelijk, dus een versterkt huis was geen luxe. Een woontoren was ideaal omdat die goed te verdedigen was tegen een troep met pijl en boog bewapende mannen (zie ook blz. 14).

't Huys Dever

Wapen van de heer van Dever

'Een eenvoudige eengezinswoning van een ridder', noemt de huidige beheerder deze woontoren. Groot is de woontoren inderdaad niet en er zal ook geen legertje strijders ingekwartierd zijn geweest. Maar het stevige bouwwerk met schietgaten en dikke muren, omgeven door een gracht en bereikbaar via een ophaalbrug, heeft toch wel de macht uitgestraald die de bouwer van dit pandje, Reinier D'Ever, voor ogen stond. Hij stamde uit een oud riddergeslacht dat in Lisse niet onbekend was.

De 14e-eeuwse toren bestaat uit een halfbovengrondse kelder, twee woonverdiepingen daarboven en tot slot een zolder, die wellicht ook nog uit twee verdiepingen bestond. Weinig leefruimte dus, maar van buiten wel imponerend. Bijzonder is vooral de hoefijzervorm. De rechte kant grensde aan een moerassig stuk grond waar de vijand toch niet kon komen, de ronde zijde was de kant die verdedigd moest worden. Aan deze kant lag een ommuurde voorhof met een boerderij en andere opstallen.

't Huys Dever

Echt groot werd Dever pas na diverse aanbouwen in de 16e en 17e eeuw. Vooral de 17e-eeuwse uitbreiding doet de woontoren in het niet verdwijnen: het pand oogt dan als een 'echt' kasteel en de toren is amper nog zichtbaar. Dat duurde anderhalve eeuw, toen zette het verval in, wat mede te maken had met leegstand en een slechte fundering van de 'nieuwbouw'. In 1890 stonden alleen de restanten van de woontoren nog overeind. Die was namelijk stukken beter gefundeerd dan de latere aanbouw.

Een restauratie eind vorige eeuw zorgde ervoor dat de toren zo veel mogelijk in middeleeuwse glorie werd hersteld – dus zonder de aanbouw. Hoewel men vermoedt dat de woontoren in de allereerste opzet was bekroond met kantelen en een weergang, heeft Dever nu toch een gewoon dak. Van de kantelen waren namelijk geen sporen meer aanwezig. Aanvankelijk zullen er geen ramen in de vensters hebben gezeten, voor het comfort zitten die er nu uiteraard wel in.

Broodoven in de kelder van 't Huys Dever

Bijzonder is de broodoven in de kelder, die bij de restauratie van onder het metselwerk tevoorschijn kwam. Tijdens de jaarlijkse Open Monumentendag wordt hier als vanouds brood gebakken. Aan het plafond zijn nog haken te zien waaraan in vroeger tijden de karkassen werden opgehangen, zodat het vlees kon be-

sterven zonder door ratten of muizen te worden besnuffeld. Opmerkelijk zijn de vierkante gaten in de twee meter dikke buitenmuur van de kelder. Niemand weet waarvoor ze dienden. Omdat er in of bij Dever geen waterput is gevonden, is de suggestie geopperd dat via die sleuven het regenwater vanaf het dak naar beneden werd geleid.

www.kasteeldever.nl

Slot Haamstede

De oorspronkelijke woontoren uit het midden van de 13e eeuw is bij dit kasteel amper nog te herkennen. Die wordt geheel overschaduwd door de twee torens aan weerszijden uit 1610 en door de westelijke vleugel uit 1700. Het laat zien hoe uit een eenvoudige woontoren uiteindelijk een imposant kasteel groeide. Een kasteel dat niets meer te maken heeft met de middeleeuwse functie van verdediging, want in 1700 ging het daar al lang niet meer om.

Toen men in de jaren zestig van de vorige eeuw aan het restaureren sloeg, was er van de kleine ridderzaal in de woontoren niets meer te zien. De zaal was onderverdeeld in twee kamers en een gang, en tot verbazing van de bouwers trof men achter het metselwerk zelfs nog een origineel 13e-eeuws venster aan. Ook het middeleeuwse trappenhuis kon daarna in ere worden hersteld.

De uitbreiding van Slot Haamstede met het enorme poortgebouw (tekening naar J. Hildernisse na herbouw in 1695).

In deze middeleeuwse woontoren – met kelder, zaal en twee woonverdiepingen – woonde vanaf ongeveer 1296 Witte van Holland, die zich nu Witte van Haamstede ging noemen. Hij had het kasteel van zijn halfbroer Jan I, graaf van Holland, in leen gekregen.

Restanten van het 17e-eeuwse poortgebouw van Haamstede

Achterzijde van Slot Haamstede

Witte van Haamstede was een belangrijk persoon; niet alleen omdat hij de bastaardzoon was van Floris V (zie blz. 33), maar ook omdat hij een actieve rol speelde bij het verdrijven van de Vlamingen uit Holland (1323).

Een eeuw later waren de Van Haamstedes uitgestorven en verscheen een nieuwe bewoner van het slot: Lodewijk van Gruuthuse. Die vond de woontoren maar niks en bouwde een geheel nieuw kasteel ernaast. Dat brandde in 1525 af; alleen de fundamenten ervan zijn nog zichtbaar.

De woontoren stond er dus nog wel. Die werd rond 1610 fors uitgebreid tot een waar kasteel: twee – nog aanwezige – torens links en rechts en vanaf de brug een enorm poortgebouw, waarvan nu alleen de poort over is. De middeleeuwse toren kreeg kantelen voor de sier, want voor de verdediging waren ze toen allang niet meer nodig.

Alsof dit nog niet genoeg was, bouwden volgende bewoners een typisch 18e-eeuwse vleugel aan de westkant. Ook de woontoren moest eraan geloven: die kreeg dezelfde 18e-eeuwse uitstraling als de 'nieuwbouw'. Na de restauratie oogt het kasteel aan de buitenkant nog steeds 18e-eeuws. Maar wie via het oude trappenhuis de gerestaureerde zaal betreedt, komt toch voldoende in middeleeuwse sferen.

Het kasteel is in de zomermaanden beperkt opengesteld (informeer bij de VVV).

HOOGTEKASTELEN

Waarom zou je een motte bouwen als er al een natuurlijke heuvel ligt? Weliswaar is Nederland niet bepaald heuvelrijk, maar in Zuid-Limburg liggen er wel degelijk drie kastelen hoog en droog. Boven op de Pietersberg zijn de restanten te vinden van een 12e-eeuwse toren, de Lichtenberg. Op de Heunsberg in Valkenburg ligt een imposante ruïne en op de grens met België, bij Maastricht, torent Château Neercanne boven de omgeving uit.

De Lichtenberg

Uit de middeleeuwse periode van dit kasteel is alleen de ruïne van de vierkante woontoren over. Het onderste deel van deze toren stamt waarschijnlijk uit de 13e eeuw. Er is in elk geval een duidelijk verschil in steensoort zichtbaar: grove natuurstenen naast mergelsteen, getuigen van afbraak en wederopbouw van de toren.

Vermoedelijk bouwde de bisschop van Luik de toren rond 1212. Met deze hooggelegen toren wilde hij zijn macht duidelijk maken aan de hertog van Brabant, met wie hij regelmatig in conflict was. Na een verwoesting rond 1400 werd de toren hersteld en opgehoogd. In die tijd werd de toren uitgebreid met woonvleugels tot een echt kasteel. Deze bouwwerken werden bij een brand in 1747 weer verwoest. Wat de bezoeker nu ziet is de oude toren en een hoeve uit de 18e eeuw.

Voor de naam Lichtenberg worden diverse verklaringen gegeven. De leukste, maar ongetwijfeld niet correcte, is dat een hier residerende roofridder passanten 'verlichtte'. Niet met een toorts, maar door hun waardevolle spullen af te nemen. Volgens een ander verhaal heette de berg in Romeinse tijden 'Mons lucis', oftewel, 'Lichtberg'.

Maquette van kasteel Valkenburg voor het in 1672 werd opgeblazen

Ruïne van Valkenburg

Bekender is de Ruïne van Valkenburg, vaak Neerlands enige hoogteburcht genoemd. Hoewel ook dit een ruïne is, dwingt hij veel meer respect af dan de Lichtenberg, die een beetje verstopt in een natuurgebied ligt.

De Valkenburgse ruïne ligt op de Heunsberg en torent hoog boven het stadje Valkenburg uit. In de loop der eeuwen hebben hier diverse versies van een kasteel gestaan en de resten daarvan liggen nu naast en boven elkaar. Wie goed wil begrijpen wat wanneer waar heeft gelegen, kan bij een bezoek het beste beginnen met een kijkje bij de maquettes van de verschillende fasen van het kasteel. Ze geven een goed beeld van de situatie door de eeuwen heen en je kunt je daardoor beter voorstellen hoe het er hier in de 17e eeuw moet hebben uitgezien, voordat het kasteel in 1672 op last van stadhouder Willem III werd opgeblazen. Hij was bang dat anders de Fransen het kasteel opnieuw in bezit kregen. Daarna hebben de inwoners van Valkenburg menige steen meegenomen voor eigen gebruik.

Doorsnede van kasteel Valkenburg

Ridderzaal van de ruïne van Valkenburg

De vroegst bekende bouwactiviteiten op de Heunsberg stammen uit 1115, toen hier een woontoren verrees. Binnen tien jaar was deze alweer verwoest. Het volgende exemplaar was een zestienhoekige toren met twee meter dikke muren. Deze werd gebouwd in 1160, maar al snel daarna verwoest door waarschijnlijk de bisschop van Luik. Daarna verrees rond 1250 een kleinere, tienhoekige woontoren. Bij de bouw van deze derde toren werden de vroegere houten palissades vervangen door een stenen muur. Van alle drie de torens zijn de fundamenten (deels) nog zichtbaar.
Gedurende de daaropvolgende eeuwen werd er voortdurend iets verwoest en weer opgebouwd, waarbij het kasteel steeds groter werd. Voor die uitbreidingen was het wel nodig om het oppervlak van de berg te vergroten door het storten van puin. Maar toen kon er dan ook een enorm complex worden gebouwd, compleet met torens, ridderzaal en kapel. Een kasteel de machtige heren van Valkenburg waardig. Ze stonden in zo hoog aanzien dat de Engelse koning begin 14e eeuw op voorspraak van de Hollandse graaf hun steun zocht in zijn coalitie tegen de Franse koning.
Toen het geslacht in 1352 zonder opvolger zat, barstte er een strijd om de opvolging los, die de hertog van Brabant in 1364 won. Hij pikte de heerlijkheid Valkenburg in en kreeg met de strategisch gelegen burcht – op de handelsweg van Keulen naar Maastricht – de nodige invloed in dit gebied.
Een bijzonder verdedigingselement van dit kasteel is de 'dwingel': de vijand die het kasteel wilde binnengaan, moest eerst via een pad omhoog, dat aan de buitenzijde was omgeven door een hoge muur. Aan de andere kant van het pad rees het kasteel op. Zo vormde de vijand vanaf het kasteel dus een ideaal doelwit: hij zat gevangen tussen twee muren.
www.kasteelvalkenburg.nl

Kasteel Neercanne

Van een geheel andere orde is kasteel Neercanne, waar je tegenwoordig uitstekend kunt eten. In de middeleeuwen stond hier, op de Cannerberg op de grens met België, al een kasteel. Dat heette Agimont of Aigermont, naar de familie die het bewoonde. Helaas is dit kasteel vrijwel geheel verwoest en het enige middeleeuwse aan het huidige kasteel is waarschijnlijk de steil oprijzende terrassenmuur van gele mergelsteen. Maar die maakt Neercanne dan ook tot een zeer bijzonder kasteel.

Het gemak: poepen in de gracht

Als je in een kasteel naar de wc moest, ging je naar het 'gemak', een ouderwets woord voor wc. Zo'n wc wordt tegenwoordig ook wel een 'plonsplee' genoemd: je drollen vielen namelijk met een plons in de gracht. Een plonsplee was een soort nis in de muur met een gat in de vloer dat boven de gracht uitkwam.

Wc-papier bestond nog niet: je moest je billen afvegen met mos, stro, veren of oude doeken. De deur op slot doen was er ook niet bij: mensen vonden het heel normaal om in gezelschap hun behoefte te doen.

In de meeste kastelen kun je nog zo'n gemak vinden. De gemakken in kasteel Hoensbroek (12 in totaal) zien er zo echt uit dat kinderen dachten dat het een gewone wc was. Dat was natuurlijk niet de bedoeling en daarom hebben ze het deksel van de plonsplee nu vastgespijkerd.

Een dergelijk terrassenkasteel vind je namelijk nergens anders in de Benelux.

Toen de toenmalige Franse president Mitterrand tijdens de Eurotop van 1991 op het bordes van het kasteel stond, was hij zeer onder de indruk van het kasteel en het uitzicht. 'Monsieur, c'est La France ici!', liet hij zich in zijn enthousiasme ontvallen. Inderdaad is Neercanne met zijn barokke terrastuinen een zeer on-Hollands kasteel. De tuinen zijn zo bijzonder dat ze onder bescherming van de Unesco staan, de culturele poot van de Verenigde Naties.

Neercanne is dus absoluut geen middeleeuws kasteel. Niet alleen had het geen verdedigingsfunctie, het was ook geen woonhuis: baron Daniël van Dopff, de toenmalige militair gouverneur van Maastricht, liet het vanaf 1698 (ver)bouwen als buitenhuis.

Sinds de restauratie van het hele kasteel met terrastuinen en al schittert het weer in zijn 18e-eeuwse glorie. Maar wel met een middeleeuwse terrassenmuur. Denkt men.

www.chateauhotels.nl

Foto links:
Château Neercanne

4 | *Beuken op de kasteelmuur*

Verdediging van middeleeuwse kastelen

Zolang er nog geen kanonnen en geweren bestonden, konden de middeleeuwers zich in hun kastelen uitstekend verdedigen tegen vijandelijke aanvallen. En als er geen oorlog was, vermaakten ze zich tijdens een toernooi.

Huys Kessel

Een middeleeuws kasteel werd niet alleen gebouwd om in te wonen, het moest ook verdedigbaar zijn. Bij afwezigheid van centraal gezag had iedereen er immers zelf voor te zorgen dat eventuele aanvallers buiten de poorten bleven. Tegen mogelijke indringers wierpen de kasteelheren diverse obstakels op, die in de loop der eeuwen steeds verder werden verfijnd en aangepast aan nieuwe wapens en tactieken. Legde men in de vroege middeleeuwen bijvoorbeeld nog een eenvoudige aarden wal aan om zich te beschermen, een paar eeuwen later beschikte men over stevige muren met kantelen en verdedigingstorens.

De eerste kastelen die op een kunstmatige heuvel, een motte, waren gebouwd, waren door hun hoogte extra goed te verdedigen. De aanvallers konden met hun paarden immers maar moeilijk omhoog. Bovendien was het voor de verdedigers wel mogelijk hun pijlen op de aanstormende vijand af te vuren, omhoog schieten door de aanvallers had natuurlijk veel minder effect.

Maar bij een mottekasteel diende zich wel een probleem aan wanneer een beleg erg lang duurde: de watervoorziening. Daarom moesten de bouwers van een motte bijtijds rekening houden met de aanleg van een waterput. Die kon soms meer dan tien meter diep reiken.

De edelman die een kasteel eenmaal in zijn bezit had, kon dit uiteraard prima gebruiken als uitvalsbasis voor eventuele verdere aanvalstochten. Bovendien kon hij vandaaruit het omliggende gebied mooi onder controle houden. Dat was vaak ook de reden om een kasteel te veroveren.

Natuurlijk straalde een robuust kasteel met op elke hoek een toren meer macht en onneembaarheid uit dan een eenvoudige, omgrachte woontoren. Maar of het kasteel nu groot of klein was, om een aantal zaken konden de kastelenbouwers niet heen: dikke muren, een weergang met kantelen, schietsleuven, een gracht, en – later – torens in soorten en maten. Daarnaast waren er bijzondere snufjes zoals mezekouwen, hordijzen, een rechtsdraaiende trap met ongelijke treden, een dwingel, een valhek en – niet te vergeten – een ophaalbrug.

Foto linkerpagina:
Slot Loevestein

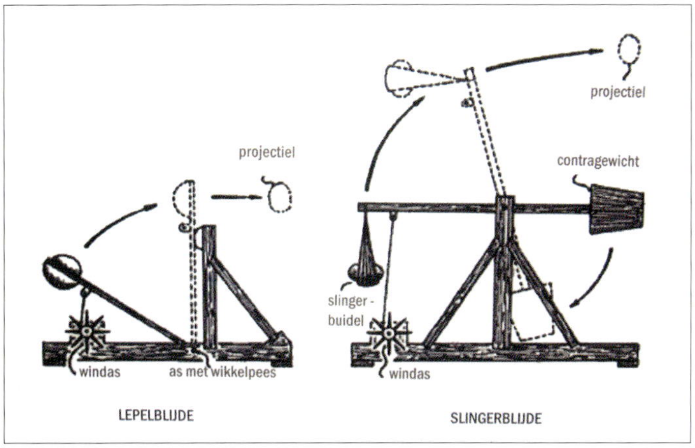

Tekening van een blijde in het museum van Coevorden (zie blz. 63)

Diepe waterput van kasteel Ammersoyen

Schietsleuf in de ringmuur van de ruïne van Teylingen

MUREN

De eerste horde die de aanstormende vijand moest nemen was de muur rond een kasteel. Toen baksteen nog onbekend was en natuursteen vaak te prijzig (zie blz. 13), gebruikte men houten palen die naast elkaar in een cirkel in de grond werden geslagen: een zogeheten palissade. Deze 'muur' werd opgetrokken rond het kasteel, in de vroegste periode vaak niet meer dan een eenvoudige, houten woontoren.

Een bezwaar van zo'n houten palissade was uiteraard dat de vijand deze in brand kon steken. Dat probeerden de verdedigers weer te voorkomen door bij een aanval de palen nat te maken of er natte huiden overheen te hangen.

Als in brand steken niet lukte, zat er voor de vijand niets anders op dan ladders tegen de palissade te zetten om zo aan de andere kant te komen. Maar de kans was groot dat de verdedigers van de 'muur' de aanvallers met ladder en al terugduwden. En als ze al over de muur kwamen, dan moesten ze aan de andere kant een man tegen man gevecht leveren. Een dergelijke bestorming kostte dus menigeen het leven.

Toen baksteen vanaf het midden van de 12e eeuw ruimer voorhanden was, verving men de palissades dan ook door stenen muren: die waren steviger en daardoor minder gemakkelijk te verwoesten. In het zuiden stonden overigens al eerder muren van steen, omdat daar het natuurlijke mergelsteen voorhanden was. De motte van Kessel bijvoorbeeld had waarschijnlijk al in het midden van de 12e eeuw een ringmuur van mergelsteen.

De stormladders werden geleidelijk minder belangrijk toen men tegen de stenen muren de stormram inzette. Die had ook niet altijd het gewenste effect, want met het oog op dit aanvalswapen lieten de kasteelheren in de loop der eeuwen steeds dikkere muren optrekken, tot soms wel drie meter dik. Bovendien was zo'n bestorming ook al niet zonder gevaar, want vanaf de muur stonden de verdedigers klaar om zo'n 12 pijlen – met stalen punt! – per minuut op de stormrammers af te vuren. Ter bescherming bouwden de aanvallers daarom vaak een soort houten afdakje over degenen die vlak bij de muur bezig waren, de zogeheten kat. En uiteraard werden zij gedekt door hun eigen boogschutters die een regen van pijlen afvuurden op de verdedigers van het kasteel.

Muur van kasteel Horn

De stormram zelf bestond uit een stevige balk, waarvan de top of het puntige uiteinde verstevigd kon worden met ijzer. Dat gestage beuken tegen de muur moet een onaangenaam gehoor zijn geweest voor de belegerden binnen de kasteelmuren. Temeer daar ze moesten vrezen dat de muur het inderdaad zou begeven. Het enige wat ze konden doen was aan de binnenkant razendsnel een barricade opwerpen of zich in een deel van het kasteel verschansen dat nog goed te verdedigen was.

Een andere manier om een muur te slechten of

een toren te laten instorten was ondermijning. Dit deed men door het graven van een lange, onderaardse gang, die met hout werd gestut. Als de bouwers eenmaal onder aan de muur waren aangeland, stopten ze de gang vol brandbaar materiaal dat ze aanstaken. Met het instorten van de gang, stortte ook (een deel van) de muur of toren in.

Als verwoesting van de muur geen optie was, konden de aanvallers altijd nog proberen binnen te komen door een belegeringstoren te bouwen: een toren op wielen met een platform en daaronder een uitklapbare brug ter hoogte van de muur. Vanaf het platform – hoger dan de muur – waren boogschutters in staat de verdedigers van het kasteel te bestoken, terwijl anderen via de brug op de muur konden komen. Voor de bouw van een dergelijke toren – 'evenhoge' genoemd – waren wel veel vaklieden nodig, want hij moest ter plekke worden opgericht. Dan konden de aanvallers immers rekening houden met de hoogte van de muur die ze wilden bestormen.

Zodra de toren 'aangereden' kwam, probeerden de verdedigers natuurlijk om hem te verwoesten voordat de toren de muur kon bereiken. Vanaf de kasteelmuur bestookten zij hem dus met stenen of brandende pijlen. Hetzelfde gebeurde met de (houten) kat of een overkapping van de stormram.

IN DE CONTRAMINE

Wie in de contramine is, ligt dwars, is tegendraads of probeert andermans plannen op onaangename wijze te dwarsbomen. Dat klopt. Want het woord 'contramine' komt van 'contra' en 'mine', Frans voor mijn. Verdedigers die merkten dat de vijand bezig was de kasteelmuur te ondermijnen, groeven soms een 'tegenmijn', een contramine dus. Doel van die contramine was het verstoren van de mijn van de aanvaller. Kortom: het dwarsbomen van diens plannen.

Kasteel Radboud

Hoewel een deel van deze vierkante burcht in Medemblik is verdwenen, had dat in dit geval niets te maken met ondermijningen of het geweld van stormrammen. Integendeel, kasteel Radboud heeft vijf belegeringen met glans doorstaan. Maar in 1578 vond men het kennelijk veilig genoeg rond Medemblik en de stenen waren nodig voor de beschoeiing van de Zuiderzeedijk. Een groot deel van het kasteel werd daarom ontmanteld.

Wat bleef staan, raakte in de loop der tijd vervallen. De ronde toren was bijvoorbeeld een ruïne toen architect Pierre Cuypers eind 19e eeuw de restauratie ter hand nam. Op de van hem bekende romantische manier, dat wel.

De voormalige woonvertrekken van de slotvoogd ogen dan wel niet puur middeleeuws – de verbrede vensters heeft Cuypers bijvoor-

A = houten hordijzen
B = houten luiken in de kantelen
C = evenhoge, eventueel bedekt met natte huiden
D = stormladder
E = houten kat voor aanvaller die een bres in de muur probeert te slaan zodat deze instort
F = stormram met houten overkapping
G = ondermijning van de muur
H/I = twee soorten blijdes

Kasteel Radboud

beeld aangehouden, en de vloer en het plafond van dc zaal zijn 17e eeuws – de bezoeker krijgt hier toch een goed beeld van een middeleeuws kasteel. Vooral ook doordat de contouren van de gesloopte muren en torens zichtbaar zijn gemaakt. Het garnizoen, een man of twintig, woonde in het inmiddels afgebroken gedeelte. Floris V begon in 1282 met de bouw van het kasteel, direct nadat zijn veldtocht tegen de West-Friezen was gelukt (zie blz. 33). Doel van deze zogeheten dwangburcht was de West-Friezen van hieruit onder de duim te houden. Dat dit nog niet zo makkelijk was, blijkt wel uit het feit dat de bouwers beschermd moesten worden tegen de streekbewoners en voor hun eigen veiligheid 's avonds terugkeerden naar de schepen die op de rede van Medemblik voor anker lagen. Floris zelf is overigens maar een keer of drie op dit kasteel geweest. De eerste keer in 1283, bij de 'opening' ervan.
De naam Radboud stamt uit de 16e eeuw, toen het – onwaarschijnlijke – verhaal de ronde deed dat op deze plek in de 7e eeuw een houten kasteel van de Friese koning Radboud had gestaan. Daarvan is echter nooit iets gevonden.
Radboud of Medemblik is een klassiek vierkant kasteel met ronde torens op de hoeken. In het midden van elke zijde stonden uitspringende vierkante torens, waarvan de poorttoren het grootst was. Tegenover de poorttoren bevonden zich de woonvertrekken. Die vertrekken, twee vierkante torens en één ronde toren is alles wat ons nu nog rest van deze fraaie burcht.
www.kasteelradboud.nl

WEERGANG

De verdedigers van een kasteel stonden niet zomaar op de muur, maar op een weergang. De weergang is in feite de bovenkant van de muur, maar dan wel voorzien van kantelen. Dit zijn manshoog gemetselde stukken muur, die worden afgewisseld door open ruimtes, van waaruit de boogschutters konden schieten. Achter de kantelen vonden ze bescherming tegen vijandelijke pijlen en stenen. Soms waren de open ruimtes afsluitbaar met een houten klapluik, waardoor de verdedigers nog minder kwetsbaar waren.
Het voordeel van een weergang was dat de verdedigers zich snel van het ene naar het andere deel van het kasteel konden verplaatsen. Soms moesten ze echter binnendoor. Om het de vijand niet al te gemakkelijk te maken, loopt een weergang in sommige gevallen namelijk dood. Op die manier had de aanvaller niet in één keer het hele kasteel in zijn bezit als hij op de weergang terecht was gekomen.
Zo kon je in de burcht van Oostvoorne vanaf de vierkanten toren in de muur maar één deel van de weergang bereiken. Voor het an-

Ruïne van Brederode

De weergang van de Leidse Burcht

dere deel moest je een trap nemen vanaf het binnenplein.

In bijna elk kasteel zie je schietsleuven in de kantelen, zodat de verdedigers zich nauwelijks bloot hoefden te geven. Ze konden veilig vanachter het kanteel de vijand bestoken. Overigens was niet alleen de verdedigingsmuur van schietgaten voorzien. Ze zitten ook in (woon-) torens en andere kasteelgebouwen. In een toren of woongebouw bevond de schietsleuf zich in de vaak anderhalf tot drie meter dikke buitenmuur. De raamnis die zo ontstond werd naar binnen steeds wijder gemaakt, zodat de boogschieter er kon manoeuvreren.

GRACHT

In het waterrijke Nederland zijn veel omgrachte kastelen te vinden. De vroegste kastelen – de hooggelegen mottekastelen – waren meestal al omgeven door een gracht of greppel. Ook later was de gracht een essentieel onderdeel van de verdediging van een kasteel. Die vormde een extra barrière voor de aanstormende vijand. Door een gracht werd het immers een stuk moeilijker om met de evenhoge of de stormram bij de muur te komen. Daarvoor moest de aanvaller eerst de gracht dempen (met bijvoorbeeld rijshout of stenen), of noodbruggen aanleggen; en dat allemaal onder het oog – en de pijlenregen – van de vijand.

Een ondergrondse tunnel graven om de muur te ondermijnen hoefde je al helemaal niet te proberen als er een met water gevulde gracht om het kasteel lag. Het was dus bepaald niet voor niets dat veel kastelen omgracht waren.

Maar ook voor deze barrière bestond een militaire oplossing, die al sinds de oudheid bekend was: de werptoestellen, een soort superkatapulten. Dit zijn apparaten waarbij men veerkracht gebruikte om flinke stenen kogels af te vuren. Later in de middeleeuwen – vanaf de 13e eeuw – maakten werpmachines zoals de blijde gebruik van het hefboomprincipe. Een contragewicht (stenen, zand, lood) aan de kor-

VEILIG ACHTER HOUTEN VENSTERS

In de loop der eeuwen zijn de schietsleuven verwijd tot bredere ramen, maar aanvankelijk hadden de kasteelbewoners niet meer dan deze summiere bron van daglicht. Bredere openingen vormden namelijk een gevaar omdat pijlen en brandende projectielen daar gemakkelijk door naar binnen konden. Alleen op de hogere verdiepingen en in de naar de binnenplaats gerichte muren had je smalle vensters. Hier konden immers geen pijlen naar binnen komen.

Met houten luiken voor de schietgaten en vensters hielden de kasteelbewoners zowel de kou buiten als vijandige pijlen. Tijdens het beleg van Loevestein in 1397 vuurden de belegeraars zo veel pijlen af op het hoge huis, dat er binnen geen luik meer open kon.

te kant ervan viel naar beneden en zorgde ervoor dat de stenen kogel aan de andere, lange kant met een enorme vaart werd weggeslingerd – over de gracht heen.
Het maken van zo'n blijde was een heel preciesiewerk. Het contragewicht, de lengte van de korte arm, ze spelen allemaal een rol in de afstand die het projectiel kon afleggen.
De schootsafstand varieerde per blijde, evenals het gewicht van de kogels. Gemiddeld wogen de stenen kogels zo'n 60-100 kilo en konden ze een afstand van circa 300 meter overbruggen. Daarmee bleven de bedieners van deze enorme toestellen veilig buiten de schootsafstand van de verdedigers op de muren. Die hadden met hun pijlen een bereik van maximaal zo'n 250 meter.
Op diverse plekken van de inmiddels verdwenen voorburcht van Loevestein heeft men stenen kogels gevonden die daar tijdens het beleg van 1397 zijn afgeschoten. De aanvaller had zich goed voorbereid en tijdig blijdekogels naar Loevestein laten overbrengen. In Holland liggen de stenen nu eenmaal niet voor het oprapen, dus de door vaklieden gehouwen kogels werden voor zover mogelijk steeds opnieuw benut.

Blijdekogels en een kaarsennis in het Muiderslot

Waterput in kasteel Hernen

De blijden werden trouwens niet alleen gebruikt om via een stenenregen de kasteelmuren te slechten. In het kader van 'biologische oorlogsvoering avant la lettre' waren ze heel nuttig voor het gooien van kadavers of mest binnen de muren, in de hoop dat het rottende vlees ziektes onder de belegerden zou verspreiden.
Als de kasteelbewoners het water uit de gracht als drinkwater gebruikten, was het een koud kunstje om ook dit water op die manier te 'vergiftigen'. Zonder veilig drinkwater moesten de verdedigers van het kasteel het al gauw opgeven. Daarom was een eigen waterput een stuk praktischer. Zo'n put is op de meeste kastelen dan ook te vinden.
Volgens sommige verhalen zouden ook bijenkorven en brandende takken hebben gediend als 'projectiel'. Zeker is dat de strijdende partijen voor lichtere projectielen een lepelblijde gebruikten. Dit toestel kon minder gewicht aan en had ook een kleiner bereik (maximaal 100 meter).
De verdedigers van het kasteel gebruikten zelf ook blijdes. Bijvoorbeeld om emmers met brandend materiaal naar de evenhogen en de katten van de vijand te gooien.

Voor het geval er door een brandend projectiel vuur ontstond, stonden er op cruciale plekken in het kasteel altijd wel emmers met zand klaar.

POORT(GEBOUW)

De brug over de gracht was de zwakke schakel in het geheel, daarom werd er meestal een ophaalbrug aangelegd, die in geval van een aanval omhoog kon worden gehaald. Zo werd de toegang bemoeilijkt en kon de vijand niet met een stormram de zware houten kasteelpoort te lijf gaan. Want de toegangspoort – ook als die aan de binnenkant was versterkt met stevige houten balken – was natuurlijk minder stevig dan de dikke, stenen kasteelmuur. Zonder de beveiliging van de ophaalbrug kon je met een stormram gemakkelijk tegen de poort aan beuken.

Om het de stormrammers extra moeilijk te maken, maakten de kastelenbouwers soms een bocht in de directe toegang tot de kasteelpoort. Dit was bijvoorbeeld het geval bij 't Huys Dever bij Lisse.

Een andere manier om de poort te beveiligen was het valhek. Vervaardigd van hout, maar meestal ook voorzien van ijzerbeslag, kon dit hek voor de poort worden neergelaten als extra bescherming. Voor het neerhalen van het valhek gebruikte men vaak contragewichten. Het hek paste in sleuven aan de zijkanten en bij sommige kastelen, zoals Teylingen, zijn die sleuven nog zichtbaar.

De poort was vrijwel altijd ondergebracht in een apart poortgebouw of zelfs in een poorttoren. In dat gebouw bevond zich meestal een binnen- en een buitenpoort, zodat er een soort sluis ontstond voor het geval de vijand door de eerste poort had weten te komen.

Aan de binnenkant van de poorttoren van Oostvoorne kun je nu nog de aanzetten zien van de kruisgewelven, waarmee de ruimte was afgedekt. Daarboven was een verdieping. Ook nog zichtbaar is de sleuf waarin de sluitboom viel – de stevige balk waarmee de kasteelbewoners de poort van binnen extra beveiligden.

De ruïne van Brederode had een dubbele toegang. Via een loopbrug over de eerste gracht kwam je bij het poortgebouw. Daarna moest je een tweede gracht oversteken voordat je bij de poort van de hoofdburcht kwam. In de grote kasteelpoort bevindt zich vaak een kleinere toegangsdeur. Als er geen beleg was, was het nu eenmaal lastig om telkens de zware houten poort open en dicht te doen.

TORENS

Woontorens bestonden al vroeg, maar de stoere torens op de hoeken die de middeleeuwse kastelen zo kenmerkend maken, waren er niet altijd. Deze werden vaak pas in de loop van de 13e eeuw toegevoegd, om het kasteel beter verdedigbaar te maken.

Aanvankelijk lag er alleen een ringmuur rond het kasteel. Vanaf die muur kon je de vijand

Foto links: *Twee bruggen over twee grachten met een poortgebouw in het midden (ruïne van Brederode)*

Foto midden: *Een kleinere toegangsdeur in de poort van kasteel de Haar*

Foto rechts: *Het poortgebouw van kasteel Doornenburg*

wel op een afstand houden, maar als die eenmaal met ladders of anderszins op de muur terecht was gekomen, werd het lastiger. En de schietsleuven in de muur waren tamelijk zinloos wanneer de aanvallers tot de onderkant van de muur waren doorgedrongen.
Er was dus dekking vanaf de zijkant nodig en die werd gerealiseerd met torens die gedeeltelijk buiten de ommuring uitstaken. Deze torens waren hoger dan de muur, zodat de boogschutters vandaar de aanvallers op en onder de muur konden aanpakken. Vanuit de uitspringende toren konden ze immers langs de muren schieten. Uiteraard bevond zich op de torens een weergang en waren de muren voorzien van schietsleuven.
Met de torens werd de vijand op alle fronten gedekt. Vanaf de muren schoot men op de manschappen die nog in aantocht waren. Aanvallers die zich onder aan de muur bevonden, kregen de volle laag vanuit de schietgaten in de onderkant van de toren. En was de vijand eenmaal op de muur beland, dan werd die vanuit de top van de toren beschoten.

Rechtsdraaiende wenteltrap in kasteel Hernen

De ringmuur van kasteel Doornenburg met een muurtoren

Er bestaan ronde en vierkante muurtorens, elk met hun eigen voor- en nadelen. Ronde torens hadden over het algemeen een steviger constructie en ze waren minder makkelijk te ondermijnen. Rechte hoeken waren nu eenmaal kwetsbaarder. Die konden worden uitgehold, waardoor de hele toren instortte. Bovendien ketsten projectielen gemakkelijker af op een ronde muur. Bezwaar van de ronde torens was dat de boogschutters die vanuit de toren de vijand bestookten, gehinderd werden door dode hoeken. In dat opzicht waren vierkante torens weer praktischer. Ook al omdat er gemakkelijker woon- en andere vertrekken in aan te brengen waren.

Toren van de ruïne van Brederode

Een heel bijzondere toren, en uniek in de Benelux, is de 'snaveltoren' uit ongeveer 1280 van het Limburgse kasteel Montfort (zie ook blz. 26 e.v.). Als een puntige snavel steekt de verder ronde toren – in het Frans *tour-à-bec* genoemd – hier uit de frontmuur naar voren. Het voordeel daarvan was dat de snaveltoren aan de voorzijde veel steviger werd en dus minder gemakkelijk te verwoesten of te ondermijnen. Projectielen die op het kasteel werden afgevuurd, ketsten af op de schuine zijden. En uiteraard hadden de boogschutters vanaf het dak van de snaveltoren een uitstekend overzicht over de vijand.

Soms was in een van de torens een wenteltrap ingebouwd voor het bereiken van de verschillende verdiepingen van het kasteel, maar er bestonden ook speciale traptorens. In het Muiderslot bijvoorbeeld is aan de Westertoren een smalle traptoren vast gebouwd. Ook Coevorden en De Thooren (Maasniel) kennen zo'n traptoren, al zijn die twee veel later aangelegd.
De wenteltrap werd vaak van een gemenigheidje voorzien: hij was rechtsdraaiend. Had de vijand eenmaal de trap bereikt, dan kon hij door die rechtse draaiing onmogelijk met getrokken zwaard naar boven klimmen. Daardoor was hij bepaald in het nadeel tegenover de verdedigers, die hem – uiteraard met getrokken wapens – bovenaan stonden op te wachten.
Om het nog moeilijker te maken waren de treden vaak van ongelijke hoogte. Dit is onder meer te ervaren in Ammersoyen, het Muiderslot en in kasteel Radboud.

Foto boven:
De bovenkant van de mezekouw in het Muiderslot

Foto onder:
De overdekte weergang van het Muiderslot met gaten voor de hordijzen

WERPGATEN

Zoals eerder gemeld was een vijand die onder aan de muur stond, lastiger te bestrijden. Beschieten vanuit de flankerende torens was een optie, maar de middeleeuwer had meer mogelijkheden: 'mezekouwen' en 'hordijzen'. Je zou ze ook werpgaten kunnen noemen, want daar kwam het op neer. Van de toren of de muur staken een soort erkertjes uit met een gat aan de onderkant. Daardoor gooide men dan stenen naar de vijand die eronder stond, of heet water. Als je sommige bronnen mag geloven werd er zelfs urine – en andere vuiligheden – over de vijand uitgestort, alles om hem ervan te weerhouden het kasteel binnen te dringen.
Maar geen kokende olie of brandende pek. Dat gebeurde wellicht bij heel grote belegeringen van en aanvallen op steden, maar niet vanaf de Nederlandse middeleeuwse kastelen. Veel te duur om zomaar weg te gooien. Kokend water werd hooguit af en toe gebruikt, want ook (drink)water was een kostbaar goedje in de middeleeuwen. En tegen de tijd dat een emmer kokend water bovenin het kasteel was aangekomen, was het water afgekoeld en stond de vijand wellicht alweer ergens anders. Vermoedelijk gooide men dus voornamelijk stenen, als men tenminste zo slim was geweest die van tevoren te verzamelen of te laten maken.
Aanvankelijk bouwde men houten hordijzen.

Houten hordijzen

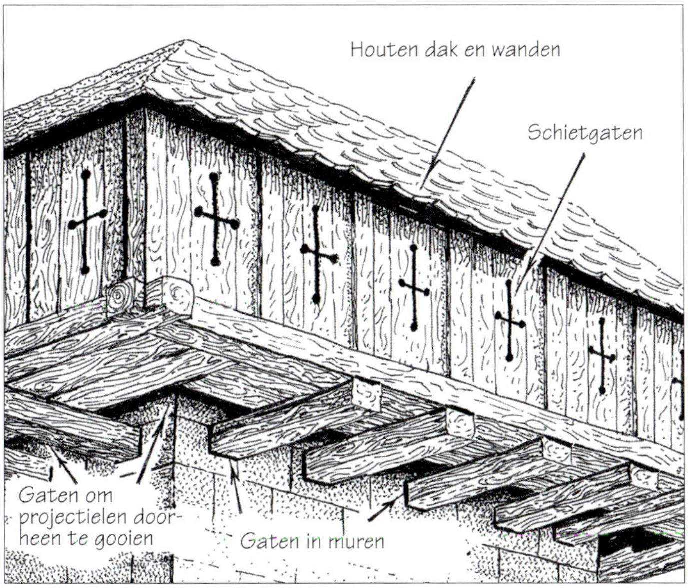

Maquette van Teylingen zoals het kasteel er waarschijnlijk heeft uitgezien

In veel kastelen zijn in de buitenmuur nog grote vierkante gaten zichtbaar. Hier doorheen werden balken gestoken, zodat aan de buitenkant van de muur een platform met werpluik kon worden aangelegd. Door dit luik wierp men de stenen. Later werd een dergelijk werpgat meteen in de kasteelbouw geïntegreerd: de mezekouw. Dit is een stenen bouwwerkje dat als een erker aan de buitenkant van de muur of de poorttoren werd gebouwd. Bij kasteel Duurstede (zie blz. 110) zitten de werpgaten in de weergang van de 15e-eeuwse toren. Omdat in de meeste kastelen onvoldoende mensen beschikbaar waren om zich met het gooien van stenen bezig te houden – en omdat men niet altijd over een voorraadje stenen beschikte – waren de mezekouwen en hordijzen waarschijnlijk voor een belangrijk deel bedoeld om de vijand te imponeren: 'Waag het niet om dichterbij te komen.'

Ruïne van Teylingen

Bij de ruïne van Teylingen zijn de vierkante gaten voor plaatsing van de hordijzen nog goed zichtbaar. Ze bevinden zich in de ronde ringmuur, die destijds natuurlijk van kantelen was voorzien. Nu zien we alleen het onderste deel van de ringmuur, met daarin ook schietgaten en kaarsennissen. Een ander belangrijk verdedigingselement waren de grachten. Oorspronkelijk werd de burcht door twee grachten omgeven, daarvan is er slechts één in ere hersteld. Maar niet de muur is het meest opvallende van deze burcht. Dat is het skelet van de woontoren. Ondanks verwoestingen en brand rijst deze nog steeds als een oerburcht op. Als bezoeker van Teylingen raak je nu al onder de indruk van deze enorme toren. Hoe moet het in de 13e eeuw wel niet zijn geweest, toen het kasteel nog niet werd omgeven door woningen en schuren?

De toren sluit bijna naadloos aan op de ronde ringmuur, die waarschijnlijk in de 13e eeuw werd gebouwd. Maar de toren heeft wel een ander formaat baksteen, dus men vermoedt dat die van iets later datum is dan de ringmuur. Van het poortgebouw is niets meer over, al zijn nog wel de sleuven zichtbaar waarin het valhek viel. Op oude prenten is te zien dat dit gebouw een verdieping had. Dat moest ook wel, want het valhek 'viel' van boven naar beneden.

De woontoren lijkt niet in de eerste plaats voor defensieve doeleinden te zijn gebouwd. Schietgaten ontbreken en in de buitenmuur van de eerste en tweede verdieping zitten relatief brede vensters. Dit geeft aan dat hier de representatieve vertrekken lagen. Ook de aanwezigheid van schouwen op de verdiepingen wijst in die richting.

Vanaf de verdieping kon men direct op de weergang komen, in de burcht zijn de toegangspoortjes nog zichtbaar. Deze zitten zo hoog, dat aangenomen wordt dat men via een

De restanten van de schouw van Teylingen zijn nog zichtbaar

losse trap op de weergang kwam. In geval van gevaar kon de verdediging deze trap naar binnen halen. De ingang naar de burcht zelf zat eveneens hoog, op de eerste verdieping.

Toen de laatste heer van Teylingen in 1283 stierf, kwam het kasteel weer in handen van de leenheer, de Hollandse graaf Floris V. Deze verbleef vaak in Den Haag, op minder dan een dagreis afstand. Gezien de ligging van Teylingen in een – toen nog – bosrijk gebied, gebruikte hij de burcht als jachtslot. Vanaf 1328 kregen de leenmannen dan ook de taak van houtvester: zij hadden de zorg voor de grafelijke jachtgebieden.

Ringmuur en woontoren van de ruïne van Teylingen

Graaf Willem VI en zijn vader graaf Albrecht waren regelmatig op Teylingen te vinden. Zij verbleven waarschijnlijk op de voorburcht, waar rond 1400 het 'Nywe Hues' werd gebouwd. Hiervan is niets meer over, al melden de archieven dat voor de bouw ervan duizenden stenen werden aangevoerd.

De dochter van Willem VI, Jacoba van Beieren, werd in 1428 houtvester van Teylingen. Haar rechten op de graafschappen Holland, Zeeland en Henegouwen had zij in dat jaar moeten afstaan aan Philips de Goede van Bourgondië. Ze kwam aanvankelijk zelden op Teylingen. Pas na 1434 verbleef ze regelmatig in het 'Nywe Hues', waar ze in 1436 aan tuberculose stierf.

www.kastelenhollandzeeland.nl/teylingen.htm

BELEGERING

Door het noemen van diverse soorten verdedigings- en aanvalsmiddelen lijkt het wel alsof er complete oorlogen rond kastelen werden gevoerd. In werkelijkheid moet je die meer zoeken rond de steden en tijdens echte veldslagen (zie bijvoorbeeld de slag bij Ane, blz. 22). Immers, zo vertelde de gids van het Limburgse Montfort: 'Om een goed kasteel wordt niet gevochten.'

Natuurlijk kwam het voor dat aanvallers met projectielen op de kasteelmuren schoten, met een stormram probeerden de muur te vernielen en uiteraard richtten boogschutters hun pijlen op de vijand. En inderdaad is menig kasteel verwoest tijdens een aanval door de vijand. Loevestein bijvoorbeeld. Toen de kastelein (de beheerder van het kasteel) een deel van de gra-

JACOBA'S WEGWERPSERVIES

Bij het schoonmaken van de gracht rond Teylingen in 1597 kwam een enorme hoeveelheid gave drinkkannetjes boven water. Een paar eeuwen later doken de geruchten op dat de arme Jacoba van Beieren haar laatste dagen in dronkenschap had doorgebracht. De lege drinkkannen zou zij over haar schouder heen de gracht in hebben gegooid.

De verhalen bleven rondzingen. Zodra rond andere kastelen dergelijke kannetjes werden gevonden zag men daarin zelfs het 'bewijs' dat Jacoba van Beieren daar ook wel gewoond zou hebben. Daarom heten dergelijke kannen nu Jacoba-kannetjes.

Geheel ten onrechte. Al vanaf de 14e eeuw werden de uit Duitsland afkomstige kannetjes op grote schaal in Nederland gebruikt, en ook nog lang na Jacoba's dood (1436). Men gaat ervan uit dat de kannetjes maar één keer werden gebruikt, omdat ze de smaak aannamen van de drank die erin zat.

Uit rekeningen blijkt dat in 1407 de kastelein van Rosendaal 4000 van dergelijke kannetjes bestelde. Wegwerpservies dus.

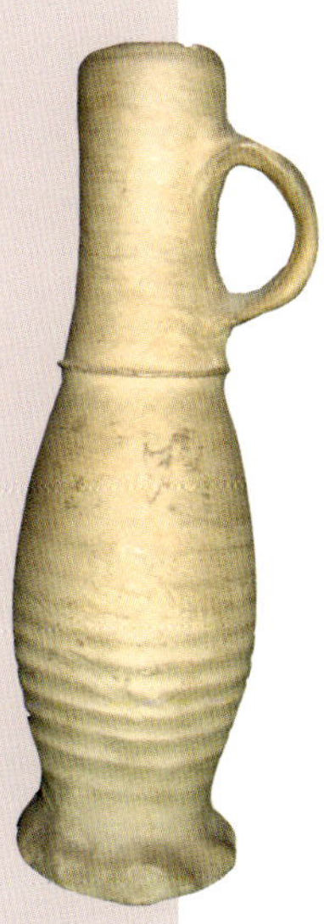

Opslag van etenswaren in kasteel Radboud

felijke inkomsten in eigen zak stak, ging de zoon van de Hollandse graaf er in het voorjaar van 1397 direct op af. Hij schoot de voorburcht aan flarden, leverde een stevig gevecht en verwoestte en passant ook delen van een van de twee torens. Deze werd later vervangen door de huidige kruittoren. De kastelein was inmiddels al gevlucht en de verdediging moest het opgeven.
Ook kasteel Brederode overleefde een beleg niet. Het duurde weliswaar drie maanden, maar met behulp van blijdes en een evenhoge wisten de Kabeljauwen in 1351 het kasteel uiteindelijk toch flink de vernieling in te helpen. Vrijwel complete nieuwbouw was daarna nodig.

Maar in veel gevallen was een belegering en dreiging met blijdes al meer dan voldoende om de tegenstander tot overgave te dwingen. Zoals eerder gemeld werd de dwangburcht te Medemblik nooit door de vijand verwoest, al zijn er vijf pogingen gedaan. Een beleg met dreigementen was kennelijk voldoende voor 'vrijwillige' overgave. En niet alleen bij Medemblik. Menig kasteel overleefde een beleg.
Wel werden kastelen na een overgave door uithongering, verraad, slimme trucs of anderszins vaak alsnog met de grond gelijkgemaakt. Dit gebeurde vooral als straf. Tijdens de Hoekse en Kabeljauwse twisten – die vanaf 1345 een eeuw lang de politiek van Holland beheersten – werd bijvoorbeeld menig kasteel 'voor straf' verwoest.

Ook zoiets onvoorspelbaars als het weer kon roet in het eten gooien. In de winter van 1229 had de bisschop van Utrecht blijden, twee stormrammen en een verdedigingstoren op het ijs rond kasteel Coevorden opgesteld. Helaas ging het daarna dooien en regenen, waardoor al het wapentuig onder water verdween. Het spreekt vanzelf dat er nadien niet meer gevochten kon worden.
Ook over de legers moet men zich geen illusies maken. Weliswaar vochten landsheren en hun vazallen soms een bloedige oorlog uit om de macht over een gebied, bij de strijd om een kasteel zelf waren meestal niet meer dan enkele tientallen manschappen betrokken. En daar was men zuinig op. Want oorlog voeren was duur. Dus geen roekeloze bestorming van de kasteelmuur met het risico van veel slachtoffers.

Kasteelbewoners die tijdig op de hoogte waren van een aanstaande belegering, zorgden er uiteraard voor dat ze zo veel mogelijk eten en drinken insloegen: zout vlees, graan, bier en wijn. Daarnaast was een voorraadje pijlen, en stenen om vanaf de hordijzen naar beneden te werpen, wel zo praktisch. Maar eens waren de voorraden op, en dan was overgave vaak de enige optie. Ook de uitbraak van een ziekte binnen de kasteelmuren kon leiden tot gedwongen capitulatie.

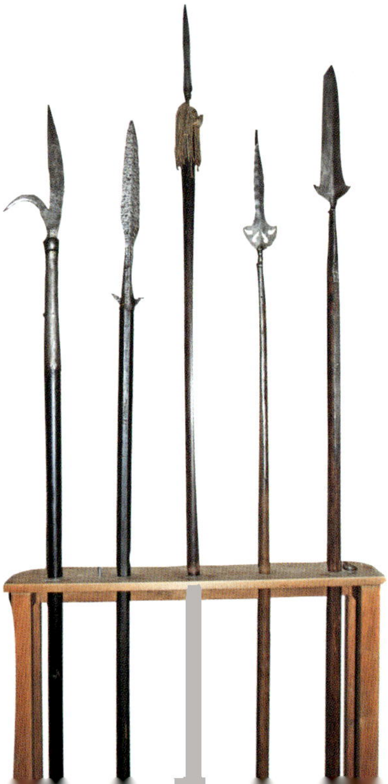

Het Muiderslot

Als er één kasteel als een onneembare vesting overeind staat, dan wel het Muiderslot. Maar schijn bedriegt. Het rond 1280 door Floris V gebouwde kasteel viel direct na de moord op Floris (1296, zie blz. 33) in handen van de bisschop van Utrecht. Het was een fluitje van een cent, want er waren maar enkele soldaten om het kasteel te verdedigen.

Het slot had destijds nog een eenvoudige opzet: een stenen, vierkante ringmuur met vier torens op de hoeken, plus een poorttoren. Binnen de muren bevonden zich de woonvertrekken, die aanvankelijk waarschijnlijk van hout waren. De stenen torens hadden hier en daar anderhalve meter dikke muren. Maar oorspronkelijk waren ze wel lager dan tegenwoordig het geval is. Net als de muren zijn ze later opgehoogd.

De eerste fase van het Muiderslot

Er bestaan overigens ook theorieën dat er al een eenvoudig huis te Muiden bestond en dat Floris V dit kocht en verder uitbouwde. Het lag in elk geval gunstig: aan de Zuiderzee, aan de monding van de Vecht. Alle schepen die naar Utrecht wilden, moesten hier langs. Voor de graaf van Holland een lucratieve business, want die kon tol heffen. Geen wonder dat de bisschop van Utrecht aasde op dit kasteel en het in 1296 met blijdes aanviel. Het lag nota bene op de rand van zijn territorium!

Weliswaar veroverden de graven van Holland het kasteel na 1296 terug, maar in 1356 brak er weer oorlog uit en lag het slot wederom onder vuur. Hoe het er toen uitzag, is onbekend. Zeker is dat graaf Albrecht van Holland (de grootvader van Jacoba van Beieren) het kasteel rond 1370 liet vergroten. Hij was het die de muren en de torens verhoogde tot het huidige niveau.

De graaf van Holland woonde nooit op het slot. Er was een kastelein die het kasteel namens de graaf van Holland beheerde. In tijden van vrede had hij gezelschap van een stuk of acht soldaten die hoogstwaarschijnlijk op de zogenaamde 'waakzolder' woonden – nu de

OVER HET PAARD GETILD?

Het bekendste attribuut van een ridder, het harnas, werd pas vanaf de 15e eeuw gebruikt. Daarvoor streden ridders en adel in een maliënkolder. Dat is een met ijzeren ringen gevlochten hemd (malie = metalen ring). Onder de maliënkolder droeg men een gewatteerd hes en eroverheen vaak een linnen hes, waarop het heraldische wapen was geborduurd. Op die manier wisten de strijdende partijen aan welke kant je stond. Bovendien gaf dat bescherming tegen de blakerende zon op het metalen harnas.

Omdat maliënkolders te weinig bescherming gaven tegen puntige wapens zoals pijlen, hellebaarden en speren, begon men vanaf de 12e eeuw de maliënkolders op kwetsbare plekken te versterken met ijzeren platen. Uiteindelijk ontstond hieruit het harnas.

Een harnas woog al gauw 25 tot 40 kilo. Maar het gewicht werd keurig over het lichaam verdeeld, zodat de strijders zich er goed in konden bewegen. Ook op het paard klimmen was geen probleem. Het fabeltje van ridders die 'over het paard getild' moesten worden, omdat ze dat zelf niet konden, komt uit de toernooiwereld. Voor het toernooi bestonden namelijk speciale, verzwaarde harnassen.

Het Muiderslot

Wapenzaal. In oorlogstijd werd dit aantal verhoogd tot zo'n honderd man. Zij werden ondergebracht bij de burgers van Muiden.

Op het Muiderslot is goed te zien hoe men destijds een kasteel verdedigde. Er is een gracht met ophaalbrug en wie pal voor de poort omhoog kijkt, ziet de indrukwekkende mezekouw met maar liefst drie werpgaten. Dat maakte tenminste indruk op de vijand. Hordijzen waren er ook, getuige de vierkante gaten waar de balken in pasten. Ze zijn onder meer te vinden in de grote overdekte weergang. Hier kon men zowel aan de kant van het water steigers met werpgaten bouwen als aan de kant van de binnenplaats – voor het geval de vijand zich al binnen de slotmuren bevond.

Boven in de poorttoren is de herautenkamer te vinden, het zenuwcentrum tijdens een aanval op het slot. De heraut of wapenkoning kon van hieruit precies zien wat er buiten het kasteel gebeurde; bij de toen nog bestaande voorburcht bijvoorbeeld. Maar ook het binnenplein kon hij goed in de gaten houden.

Schietgaten zijn door het hele kasteel zichtbaar. Onder meer op de open weergang, die voor de stevigheid enigszins bol loopt. Tegenwoordig kun je via een moderne brug naar de weergang aan de voorkant van het kasteel lopen. Maar die brug was er vroeger niet. De weergang aan de voorkant loopt namelijk met opzet dood, zodat de vijand het kasteel niet in één keer in handen zou krijgen. Zo moest elk stuk van het kasteel apart veroverd worden.

In de toren tussen deze twee weergangen, de Zuidertoren, verbleef destijds de muurwach-

Ridders in het klein

Jongens wilden in de middeleeuwen natuurlijk het liefst ridder worden. En dat gebeurde ook vaak. Daarvoor moesten ze wel op hun zevende jaar naar een ander kasteel verhuizen. Ze werden dan page en leerden zwaardvechten, boogschieten en paardrijden. Ook moesten ze allerlei klusjes doen: boodschappen overbrengen, wapentuig poetsen, bedienen tijdens het eten.

Bij het zwaardvechten gebruikten ze eerst houten zwaarden om mee te oefenen, later speciale kinderzwaarden van ijzer. Omdat je elkaar met zo'n zwaard behoorlijk pijn kon doen, droegen ze daarbij een kinderharnas. In Huis Bergh is een wapenkamer waar je een kinderharnas en kinderzwaarden kunt zien.

TOERNOOIEN: VECHTEN VOOR DE LOL

Toernooien zijn de paardenraces en de golftoernooien van de middeleeuwen. Iedereen die ertoe deed – en geld had – liet er zijn gezicht zien. In de wandelgangen netwerkten de edelen, en het was een mooie gelegenheid om enkele deelnemers te ridderen. Floris V, bijvoorbeeld, werd in 1277 tijdens een toernooi in Brabant tot ridder geslagen.

Daarnaast kennen toernooien volkse elementen. Facetten ervan zijn vergelijkbaar met de hedendaagse voetbalwedstrijden, compleet met reltrappers, de aankoop van de beste strijders en natuurlijk commercie. Kooplieden en handelaren kwamen in groten getale op de toernooien af. Met zoveel toeschouwers viel er altijd wel handel te drijven.

Toernooien zijn al bekend vanaf de 12e eeuw. Aanvankelijk dienden ze als oefening voor het echte gevecht. Met honderden tegelijk stormden ridders en edelen te paard – plus hun voetknechten – ten aanval. Doel was om de tegenstander van zijn paard te stoten. Als dat lukte, verwierf je niet alleen roem, maar vaak ook het paard en de wapens van de verslagen vijand.

Enorme slagvelden werden afgezet voor deze toernooien, waar duizenden deelnemers en toeschouwers op af kwamen. Het moet tot in de verre omtrek hoorbaar zijn geweest, de krijgskreten, de aanmoedigingen, het wapengekletter, het trompetgeschal en het gekraak waarmee de houten speren in stukken braken.

Ongevaarlijk was het niet, de deelname aan een toernooi. Er vielen steevast talloze gewonden, en geregeld zelfs doden. Zo kon Floris IV de val van zijn paard tijdens een toernooi in Noord-Frankrijk in 1234 niet navertellen. De oom en voogd van Floris V trof hetzelfde lot, en ook hertog Jan I van Brabant stierf tijdens een toernooi.

De kerk was tegen toernooien en verbood ze. Het leidde maar af van het echte vechten, namelijk de strijd ter verdediging van het christendom, de Kruistochten. In 1130 verbood paus Innocentius II zelfs dat slachtoffers van een toernooi in gewijde grond werden begraven.

Maar ook (Franse en Engelse) koningen konden de toernooien niet altijd waarderen. Vooral vanwege de rellen die de toernooigangers schopten, met diefstal en geweld, wilden ze de toernooien nog al eens verbieden.

Het steekspel, een gevecht van man tegen man te paard, maakte aanvankelijk deel uit van het toernooi. In de loop van de 13e eeuw ontwikkelde dit steekspel zich tot een zelfstandige activiteit. Ook hier was het de bedoeling de ander van het paard te stoten. Maar de kans op letsel was kleiner, temeer daar de wapens geleidelijk minder serieus werden: ridders en edelen gingen elkaar met stompe wapens te lijf.

Vrouwen bevonden zich van meet af aan onder de toeschouwers. Zij moedigden aan of leverden kritiek. Ook namen zij deel aan de banketten die na het toernooi werden aangericht en zij reikten soms de prijs uit voor de moedigste ridder.

Toernooien waren vooral in de zuidelijke Nederlanden populair, al werden ze ook in Holland gehouden. Geliefde toernooiplaatsen waren Haarlem, Geertruidenberg en Den Haag – denk aan het Toernooiveld dat nog steeds die naam draagt.

ter. Vijandelijke soldaten konden hier dus uitsluitend vanuit de Westertoren en over de grote weergang komen. In de middeleeuwen bestond de houten torentrap naar beneden evenmin, zodat dit vertrek ook vanaf de begane grond niet toegankelijk was.

www.muiderslot.nl

5 | Ridderzalen, plonsplees en zittekisten

Dagelijks leven in een kasteel

Het leven in een middeleeuws kasteel was niet gemakkelijk: het was er koud en donker en de hygiëne liet veel te wensen over. Uitgebreid tafelen in gezelschap van een minstreel maakte veel goed.

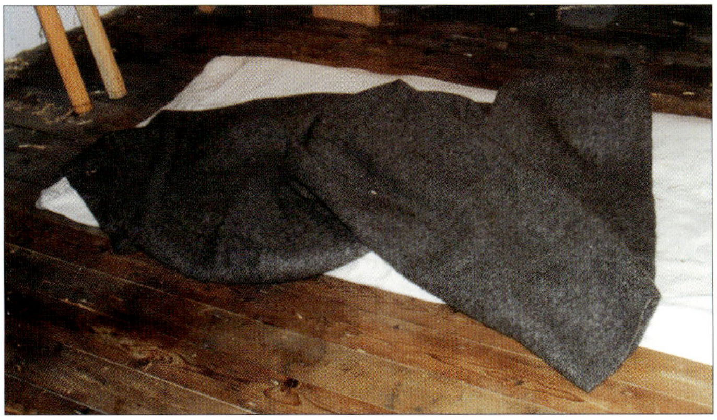

Slapen op een strozak voor het haardvuur (kasteel Radboud)

Wie tegenwoordig een kasteel bezoekt, ziet maar weinig terug van het middeleeuwse leven. In de meeste kastelen zijn de vertrekken namelijk ingericht in 17e- of 18e-eeuwse stijl. Prachtige hemelbedden, elegante stoelen en schitterende serviezen geven een beeld van het leven van de aristocratie in een tijd dat kastelen alleen nog een residentiële functie hadden.
Hoe anders was het in de middeleeuwen. De kasteelheer en zijn vrouw en kinderen sliepen nog niet in romantische hemelbedden, maar gewoon op een matrasje of strozak voor het haardvuur. Ze aten niet van zilveren borden, maar slurpten soep uit aardewerken kommen en aten vlees met hun handen. Als de jonkvrouw al tijd had om in een vensterbank te borduren, moest ze goede ogen hebben, want de smalle vensters lieten maar bitter weinig daglicht binnen. En koud was het ook: in de middeleeuwen zat er nog geen glas in de ramen, hooguit een opgespannen varkensblaas of een geolied stuk perkament. Kortom: hoog tijd om de romantische beelden van het leven in een middeleeuws kasteel bij te stellen.

ZAAL

De centrale plaats in een kasteel was de grote zaal, die zich meestal op de eerste verdieping bevond. Hier ontvingen de kasteelheer en zijn vrouwe hoge gasten en bodes. Marskramers en kaarsenmakers kwamen er hun spullen verkopen, en rondtrekkende minstrelen, muzikanten en potsenmakers lieten er hun kunsten

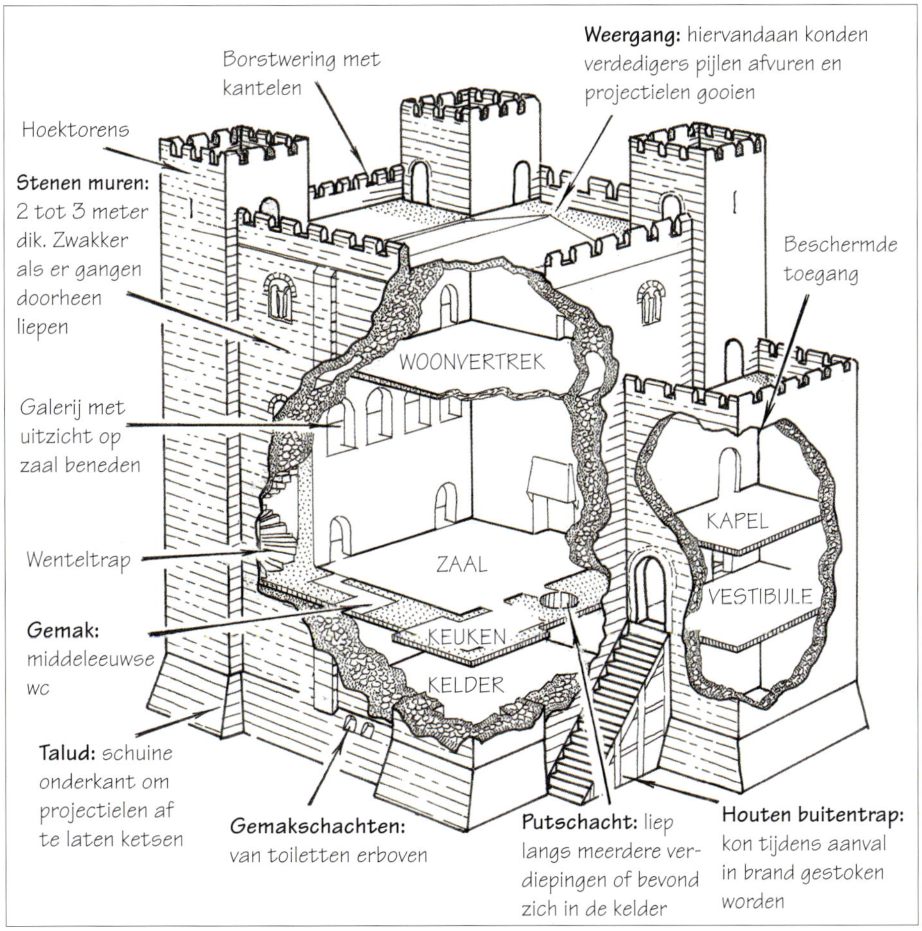

Dwarsdoorsnede van een middeleeuws kasteel

Foto linkerpagina: *Kasteel Ammersoyen*

Wandkleed in kasteel de Haar

horen en zien. Ook regelde de kasteelheer er zijn financiële en juridische zaken, vaak bijgestaan door de klerk of de kapelaan. Waren de kasteelheer en zijn vrouw op reis, dan nam een vertrouweling zijn zaken waar. Vaak was dit een kastelein, later ook wel een rentmeester.

In veel kastelen wordt de grote zaal ridderzaal genoemd, maar in de middeleeuwen bestond deze term nog niet. Sommige zalen waren knus en gezellig, zoals de zaal van kasteel Dever. Andere zalen waren enorm: die van kasteel Valkenburg was bijna 30 bij 12 meter. Ook de zalen van Montfort en Ammersoyen mochten er zijn: 16 bij respectievelijk 7 en 9 meter groot.

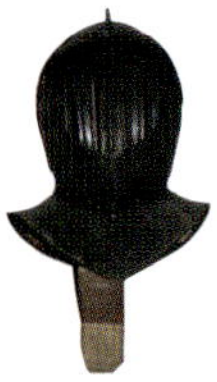

De grote zaal werd regelmatig ook als wapenkamer of harnaskamer gebruikt. Er stonden hellebaarden naast de schouw, zwaarden en degens hingen aan de muur, en soms was er zelfs een verzameling kruisbogen te vinden. Van kasteel Montfort is bekend dat er in de 14e eeuw wapenschilden en vaandels van de hertog van Gelre aan de muur hingen.

De vloer van de zaal werd meestal bedekt met stro dat eens in de zoveel tijd werd ververst. Dat was wel nodig ook, aangezien de loslopende honden en kippen er gewoon hun behoefte deden en er ook nogal eens etensresten op de vloer belandden. Om eventuele stank te maskeren, voegde men aromatische kruiden en bloemen aan het stro toe. Na verloop van tijd kieperde een dienaar het stro compleet met afval in de gracht. Aan deze gewoonte dankt menig kasteel nog leuke grachtvondsten, zoals scherven van middeleeuws serviesgoed en kookgerei.

Grote kastelen, zoals Ammersoyen en de Doornenburg, hadden naast de zaal een tweede vertrek. Hier konden de dames zich terugtrekken als de heren zaken te bespreken hadden. Deze zaal had over het algemeen een eigen haard en was dus een comfortabele plek. In de 19e eeuw noemde men deze ruimte vaak de kemenade, maar net als de term ridderzaal werd deze benaming in de middeleeuwen nog niet gebruikt. Sommige historici betwijfelen zelfs of zo'n tweede verwarmde zaal wel als vrouwenvertrek werd gebruikt.

De muren van de zalen van een kasteel waren vaak wit gekalkt. Niet zozeer omdat dit zo leuk stond, maar vooral om de zaal lichter te maken

en ongedierte tegen te gaan. Spinnen, kakkerlakken en muggen kunnen zich op een donkere muur beter verstoppen dan op een witte.

In de loop van de middeleeuwen werd onder invloed van de uiterlijkheden van de riddercultuur de status van een representatieve zaal steeds belangrijker. Als edelman liet je met een indrukwekkende zaal zien hoe belangrijk je was. Wandkleden sierden de muren en soms was het witte pleister beschilderd met bloemmotieven of andere decoraties. Voorbeelden van prachtige wandtapijten zijn te zien in onder andere Loevestein en Ammersoyen.

In Ammersoyen zijn zelfs op de plafonds prachtige motieven geschilderd. Tijdens de laatste restauratie zijn deze oorspronkelijke decoraties op de plafondbalken van de zaal en het vrouwenvertrek hersteld. In de kemenade valt de tekening op van een haantje op een balk. Het symboliseert dat de haan in deze zaal toch echt de baas was.

SLOTKAPEL

Het geloof was voor de middeleeuwers van essentieel belang. Na het leven in het aardse tranendal volgden de eeuwige folteringen van de hel of het tijdelijk lijden in het vagevuur. Slechts voor een enkeling was de gelukzaligheid van de hemel weggelegd.

Bijna elk kasteel had daarom een eigen slotkapel binnen of buiten de muren. Een prachtig voorbeeld is de 16e-eeuwse kapel op de voorburcht van de Doornenburg. In kasteel Ammersoyen was aan de grote zaal een kapel aangebouwd, waarvan de aanzet nog steeds te zien is. Als de mannen de mis bijwoonden, zaten de vrouwen in het vrouwenvertrek te luisteren bij een luik dat uitkwam op de kapel. In kastelen zonder kapel werd de mis opgedragen in de zaal.

Over het algemeen beschikte de kapel over een altaar, waskaarsen en tal van heiligenbeelden en andere kerkelijke voorwerpen. Vaak had de kapelaan ook nog een draagbaar altaar, dat hij meenam als hij met de kasteelheer op reis ging. Omdat de kapelaan als een van de weinige kasteelbewoners kon lezen en schrijven, hielp hij de kasteelheer met zijn correspondentie in het Frans en Latijn. Verder gaf hij les aan de kinderen.

De 16e-eeuwse kapel van de Doornenburg overleefde het Britse bombardement van 1945

Keldergewelf van Hernen met een keukenblok van ver na de middeleeuwen

KELDER

Deels op de begane grond en deels net daaronder bevonden zich de keldergewelven van het kasteel. Vaak zijn deze kelders de enige overblijfselen uit de middeleeuwen. Ze deden dienst als opslagruimte, slachthuis, brouwerij, bakkerij en keuken. In de Doornenburg is nog steeds te zien hoe vlees via een gat in de kelder werd gegooid om daar te worden opgehangen zodat het kon besterven.

De kelders van een kasteel spreken natuurlijk het meest tot de verbeelding als gevangenissen: donkere kerkers, waar arme gevangenen geboeid in de kou en het donker hun lot moesten afwachten. In veel kastelen is nog steeds een middeleeuwse kerker te bezoeken, al dan niet voorzien van kettingen, voetangels en -klemmen en folterwerktuigen.

Toch waren deze kerkers niet echt bedoeld als gevangenissen. In de middeleeuwen bestond zoiets als een gevangenisstraf niet. Als je iets had misdaan kreeg je al snel de strop. Radbraken, levend verbranden, onthoofden en het afhakken van ledematen zijn maar een greep uit de straffen die vaak onmiddellijk werden opgelegd.

Een gevangenis was alleen nodig om misdadigers tot hun proces op te sluiten en dat kon je ook in een torenkamer doen. Edelen werden wel opgesloten als onderdeel van een conflict: zoals Reinoud II van Gelre die door zijn broer Eduard tien jaar lang werd opgesloten. Ook werden er nogal eens edelen in een kelder of torenkamer opgesloten in afwachting van een losgeld.

In het Muiderslot en Ammersoyen zijn kerkers aanwezig die oorspronkelijk alleen via een luik van bovenaf te bereiken waren. Dit worden 'vergeetputten' genoemd, naar de Franse term 'oubliette'. Het verhaal gaat dat deze putten werden gebruikt om gevangenen in te gooien en daarna te vergeten, zodat ze vanzelf van honger en dorst zouden sterven. Dat deze kerkers echt op deze manier gebruikt zijn, lijkt een middeleeuws broodje aap. Een dode die onder de vloer bleef liggen zou behoorlijk gaan stinken.

Gevangenen in de kerker van Hoensbroek werden vastgeketend (boven) en moesten eten uit een trog (onder)

Een schandpaal uit het Muiderslot

Een methode die tegelijkertijd efficiënt en afschrikwekkend was, was het opsluiten van een gevangene in een ijzeren kooi. Deze kooi werd opgehangen in de nok van de zaal of buiten aan de galg op de binnenplaats totdat de misdadiger was omgekomen van de honger en de dorst.

Kasteel Hoensbroek

In kasteel Hoensbroek kunnen bezoekers zelf ervaren hoe koud en donker een kerker is als onze moderne elektrische voorzieningen ontbreken. Een ingewikkeld stuk ijzerwerk demonstreert hoe gevangenen vroeger zaten vastgeketend. Er staat ook nog een trog, die een idee geeft hoe ze hun brij of pap naar binnen moesten werken. Nee, het was geen pretje om in de kerker van Hoensbroek opgesloten te worden.

Het Limburgse kasteel Hoensbroek stamt uit de 13e eeuw. Op het binnenplein van het huidige kasteel stond toen al een vierkant gebouw met een zware toren op de oosthoek. Deze burcht had een kelder, schietsleuven en een waterput. De eerste heer van Hoensbroek, Herman Hoen I, was waarschijnlijk de kasteelheer die dit versterkte huis in de tweede helft van de 14e eeuw uitbreidde met een vierkante burcht en een zware ronde toren.

Na zijn dood kregen zijn kleinzonen ruzie over de erfenis en deelden ze het slot in twee helften. Zij werden 'de Hoens op den Saal' en 'de Hoens op den Keuken' genoemd. Dat bleef zo tot 1612. In dat jaar kocht Ulrich Hoen het halve huis van een nazaat van 'de Hoens op den Keuken' en zo werd het kasteel weer één geheel.

De 14e-eeuwse toren met zijn muren van drie meter dik staat er nog steeds en maakt deel uit van een veel groter kasteel. De toren had oorspronkelijk kantelen, maar deze zijn in de 17e eeuw vervangen door een moderne torenspits. Verder heeft de toren een gemak: een middeleeuwse wc die aan de buitenkant van de muur hangt. Aangezien de uitwerpselen met een plons in de daaronder gelegen gracht vielen, worden deze wc's ook wel plonsplees genoemd. Bovenin is een uitkijkpost te vinden en daarboven een vertrek met schietgaten.

Het kasteel werd door de jaren heen flink uitgebreid. Er kwam een toren bij die later weer werd vervangen. In de 17e eeuw werden verschillende bijgebouwen toegevoegd en werd het oudste deel van het kasteel – het versterkte huis uit 1250 – afgebroken. De burcht uit de 14e eeuw stortte na 1717 in. Daarna is het kasteel verder gemoderniseerd.

Het huidige kasteel is dus grotendeels gebouwd ná de middeleeuwen.

Na alle verbouwingswerkzaamheden in de 18e eeuw kwam het kasteel aan het einde van die eeuw toch leeg te staan. De laatste bewoner van Hoensbroek, graaf Lothar Frans, stierf in 1796 en zijn nakomelingen zijn elders gaan wonen.

Tegenwoordig is een stichting de eigenaar van het kasteel en wordt het beheer verzorgd door de gemeente Heerlen.

www.kasteelhoensbroek.nl

LICHT EN DONKER

Om het kasteel goed te kunnen verdedigen waren de muren dik en de vensters smal. Vaak waren ze niet breder dan een schietgat. Als de kasteelbewoners daglicht wilden binnenlaten zonder meteen in de kou te zitten, sloten ze de vensters af met varkensblazen of geolied perkament. 's Avonds en bij slecht weer gingen de houten luiken dicht.

Binnen was er ruimte voor een vensterbank, waar kasteelbewoners op een schapenvacht, een kussen of een deken konden zitten. Dat was geen overbodige luxe: ga maar eens op een winterdag op zo'n stenen vensterbank zitten: bitter koud.

Vanaf de 14e eeuw werden de smalle vensters geleidelijk breder gemaakt en lieten kasteelheren die het konden betalen glas-in-lood zetten in de bovenkant van de vensters. De onderkant werd nog steeds afgesloten met een luik. Dit is te zien aan de ramen van bijvoorbeeld de Doornenburg en de ruïne van Brederode. Echt vensterglas werd pas betaalbaar in de 16e eeuw.

Zodra het donker werd, staken de bewoners kaarsen en toortsen aan. Toortsen werden in ijzeren ringen gestoken die aan de muur van de hal waren bevestigd. Langs de wanden van de

De vensters van de meeste kastelen zijn in de loop der eeuwen breder gemaakt (Loevestein)

Luchtfoto van het Limburgse kasteel Hoensbroek

Een fris zitje in de vensterbank van kasteel Hoensbroek

Vensters in de ruïne van Brederode: een luik aan de onderkant en glas aan de bovenkant

zaal zijn in veel kastelen nog steeds kaarsennissen te zien. Daarin stonden kaarsen beschut en kon de tocht ze niet zo gemakkelijk uitblazen. Kaarsen voor dagelijks gebruik waren gemaakt van dierlijk vet. Daardoor walmden ze nogal en roken ze niet al te fris. Kaarsen van bijenwas bestonden wel, maar werden eigenlijk alleen gebruikt voor kerkdiensten.

Olielampjes van aardewerk of koper waren eveneens in trek. Olie was zeer kostbaar en daarom brandden deze lampjes over het algemeen op dierlijk vet. Net als vetkaarsen konden ze daardoor behoorlijk walmen. Al met al moet een zaal 's avonds behoorlijk rokerig zijn geweest.

MEUBILAIR

In de zaal stond weinig meubilair: een grote houten plank op schragen om aan te eten plus een paar opklapbare banken en kisten. Als er al een stoel stond, was dat natuurlijk de zetel van de kasteelheer. Klapstoelen waren zeer populair omdat je die gemakkelijk kon meenemen op reis. Deze stoelen lijken nog het meest op fors uitgevallen, houten regisseursstoelen.

Een heel handig meubelstuk in een tochtig kasteel was de zogenaamde 'heen-en-weer-bank': een bank waarvan de rugleuning verstelbaar was. Zo kon je eerst je voeten warmen bij het vuur, dan draaide je de leuning naar de andere kant van de bank en kon je lekker met je rug naar het vuur gaan zitten. Voorbeelden van deze banken zijn nog te zien in onder andere Slot Loevestein en Huis Bergh.

Als edelen op reis gingen, namen ze een groot deel van hun meubilair mee. En reizen deden ze graag, zeker als ze meerdere kastelen hadden of als ze bij hun leenheer in een goed blaadje wilden komen te staan. Dan deden ze volop mee aan het hofleven, waar ze hun invloed probeerden te vergroten en de laatste modegrillen van andere edelen afkeken. Ze namen dan zo veel mogelijk spullen mee: kleding, meubels, kookgerei. Zelfs het bed bleef niet achter. En gelijk hadden ze: in zijn eigen bed slaapt een mens het lekkerst.

De kast bestond nog niet in de middeleeuwen.

Kasteelbewoners ruimden hun spullen op in kisten. Soms stonden deze op hoge poten, zodat de inhoud bij hoog water droog zou blijven. Kisten waren handig om mee te nemen van kasteel naar kasteel. Pas ver na de middeleeuwen bedacht men dat je de kist kon kantelen en de deksel kon vervangen door een deurtje aan de voorkant.

Onder invloed van de Franse mode lieten kasteelheren in Zuid-Nederland in de late middeleeuwen tresoors of dressoirs maken. Deze werden niet alleen gebruikt om spullen in op te bergen, maar ook om het mooie servies op tentoon te stellen.

SLAAPVERTREKKEN

Aanvankelijk, vóór 1300, was de zaal de plek waar de meeste kasteelbewoners sliepen. Natuurlijk sliepen de kasteelheer en zijn vrouw op de beste plek in de zaal: vlak bij de haard, weg van de tocht, eventueel afgeschermd door een kamerscherm of gordijnen die aan de zolderbalken hingen. Ziehier de oorsprong van het hemelbed!

Bedden zoals wij ze kennen bestonden nog niet. Mensen sliepen gewoon op de grond, op een strozak of in hun mantel gewikkeld. De kasteelheer en zijn vrouwe sliepen bij voorkeur op een matras gevuld met dons en veren. Dat matras legden ze dan op een houten schraag of een kist, die ook dienst deed als bank, een zogenaamde 'zittekist'. In de 14e eeuw waren deze kisten zeer populair onder de adel. Handig om op te slapen en om je beddengoed en kleding in op te bergen. Na verloop van tijd ontwikkelde deze kist zich tot een uitgekiend meubel dat dienst kon doen als bed, bank en tafel. Net als de 'heen-en-weerbank' hadden deze kisten een verstelbare rugleuning.

Naarmate de kastelen groter werden en er meer haarden werden gebouwd, kwamen er steeds meer woonvertrekken bij, waaronder slaapvertrekken. Hier konden de kasteelheer en zijn vrouwe zich terugtrekken in hun eigen kamers. Daar sliepen ze in toenemende mate in hun eigen bed of in een bedstede die in de muur was uitgehouwen.

Hoe groter de kastelen in de late middeleeuwen, hoe meer kamers er kwamen voor privégebruik. De meeste van deze kamers dienen nu als trouwkamer of ze zijn ingericht als 17e- of 18e-eeuwse stijlkamers, zoals in kasteel Hoensbroek en kasteel Ammersoyen.

Foto links:
In Huis Bergh een echte stoel voor een kasteelheer

Een praktische zittekist in Radboud om op te slapen en beddengoed in op te bergen

Kasteel Ammersoyen

Of de bewoners van kasteel Ammersoyen ook eerst in de zaal sliepen is nog maar de vraag. De bouwer van dit kasteel, Dirk uit het geslacht Van Herlaer, liet het namelijk in 1350 in één keer bouwen, inclusief meerdere woon- en slaapvertrekken.

Ammersoyen is een robuuste waterburcht, rechthoekig met vier ronde torens op de hoeken en een brede gracht eromheen. Nog steeds zie je overal sporen uit de middeleeuwen: de dikke muren rondom de binnenplaats, de smalle wenteltrappen, kaarsennissen, schouwen en twee waterputten. Heel bijzonder is het kluisje dat in de muur van de zogeheten kemenade is aangebracht.

Aan de smalle wenteltrap is duidelijk te zien dat middeleeuwse vrouwen zeer zeker nog geen hoepelrokken droegen. De enkele bruid die toch

Het kluisje van kasteel Ammersoyen

Van links naar rechts: *Een wenteltrap, het poortgebouw, de binnenplaats en een gemak in kasteel Ammersoyen*

probeert in vol ornaat de wenteltrap af te dalen, blijft ongetwijfeld halverwege steken.

Boven de ruime kelderverdieping zijn de grote zaal en het vrouwenvertrek te vinden. Deze zalen delen een schouw die in de muur tussen de zalen is gebouwd. Voordat het kasteel in 1590 afbrandde, stond de zaal in verbinding met een erker boven de binnenplaats. Deze erker werd in de 15e eeuw gebruikt als kapel. De sporen van de kapel zijn nog goed te zien in de muur. Door een klein deurtje konden de vrouwen in hun eigen vertrek naar de mis luisteren.

Ammersoyen kent een groot aantal gemakken die allemaal in de muur boven de gracht zijn gebouwd. Sommige plonsplees hadden vóór de restauratie een lange schacht om de uitwerpselen naar de gracht te leiden. Maar niet allemaal. Dus kon je, zoals de enthousiaste kasteelgids vertelde, maar beter een plonsplee uit de wind uitzoeken. Zo voorkwam je remsporen op de kasteelmuur.

Boven de binnenplaats is nog steeds de katrol te zien waarmee de kasteelbewoners vroeger zakken graan en andere etenswaren omhoog takelden die op zolder werden opgeslagen. Beneden in de buurt van de kerker is een ruimte met een droogvloer te vinden, een zogeheten eest. Hier droogden de kasteelbewoners vroeger hop en gerst voor het brouwen van bier.

Vierkante waterburchten als Ammersoyen waren in de 14e eeuw populair: ideaal om te verdedigen en groot genoeg om een flinke adellijke familie met aanhang in te huisvesten. Helaas kon de heer Van Herlaer maar kort van zijn nieuwe behuizing genieten. In 1386 liet Willem, hertog van Gelre en Gulik, zijn oog op het imposante kasteel vallen en veroverde hij het gewapenderhand.

In 1590 werd het kasteel door brand grotendeels verwoest. Een halve eeuw later lieten kasteelheer Thomas Walraven van Arkel en zijn schatrijke gemalin Johanna Barbara de la Kethulle het vervallen kasteel in 17e-eeuwse stijl restaureren. Tussen 1873 en 1945 was er een klooster van de orde van de Clarissen in gevestigd en na de Tweede Wereldoorlog nog korte tijd een wasmachinefabriek. Gelukkig is dit prachtige middeleeuwse kasteel daarna grotendeels in de oude glorie hersteld.

www.mooigelderland.nl

KEUKEN

Van oudsher was de zaal ook de plaats waar de kasteelbewoners kookten en aten. Vóór circa 1200 was dit vaak de enige plek waar een haard aanwezig was. Vanwege brandgevaar werd ook wel buiten gekookt, bijvoorbeeld in een houten gebouwtje. Van die keukentjes is nu uiteraard niets meer terug te vinden.

Grotere kastelen zoals het kasteel van Breda en Huis Bergh beschikten over verschillende keukens. Ook de kelder was een goede plek om een potje te koken. In de keldervertrekken van Hernen, Dever en de Doornenburg zijn bijvoorbeeld nog steeds broodovens aanwezig.
Dankzij archeologische opgravingen, grachtvondsten en boedellijsten is redelijk bekend wat voor kookgerei de middeleeuwse koks gebruikten. Soep, graanpap en stoofpot bereidden ze in een ijzeren of koperen kookpot boven het vuur. Verder gebruikten ze ronde aardewerken potten, zogenaamde kogelpotten die ze op een driepoot in het vuur konden zetten. Vanaf de 12e eeuw werden ook potten met drie pootjes gemaakt die zonder ondersteuning stevig in het vuur konden worden gezet. Later kregen deze potten een holle steel waar de kok een stok in kon steken. Zo kon hij de pot van het vuur halen zonder zijn handen te branden.
Vlees werd klaargemaakt op een rooster of gebraden aan het spit. De vierkante gaten in de schouw van de zaal van Ammersoyen werden mogelijk voor een spit gebruikt.
Tijdens het roosteren van het vlees ving de kok het vet op in een aardewerken vetvanger.

Vet van het vlees werd opgevangen in een aardewerken vetvanger

Daarna goot hij het vet weer over het vlees zodat het lekker sappig bleef.
Als het vlees klaar was, gebruikte hij de rest van het vet als jus.
Om het vuur in de haard op te porren of juist lager te laten branden, gebruikte men verschillende ijzeren tangen en haardijzers. 's Nachts werd een aardewerken vuurkorf over het smeulende vuur gezet zodat er geen brand kon ontstaan. Later kwamen hiervoor ook vuurkorven van metaal, zoals in kasteel Ammersoyen te zien is.

Een middeleeuws vergiet

Een kogelpot op pootjes

ETEN EN DRINKEN

Het was in de middeleeuwen de gewoonte om twee keer per dag te eten: om een uur of tien 's ochtends en dan nog een keer tegen de avond. Door de eeuwen heen gingen mensen steeds later eten, waardoor de gewoonte ontstond om 's ochtends te ontbijten. Het middagmaal werd toen de hoofdmaaltijd, waarvan men 's avonds meestal de overgebleven kliekjes opat. Wat daarvan overbleef was voor de armen.
Wat stond er in een gemiddeld kasteel op het menu? Zeker is dat de hoge adel heel goed at. Braspartijen werden niet geschuwd, vooral niet bij feestelijke gelegenheden. Men at bij voorkeur elke dag vlees of vis, en het liefst in grote hoeveelheden. Daarbij werd wijn geschonken, meestal verwarmd en aangelengd met honing en kruiden. In onze contreien was dat witte wijn uit het Rijn- en Moezelgebied. Pas tegen de 14e eeuw leerde de adel hier de Franse rode wijn kennen. Wijn was alleen weg-

De ongehoorzame dochter

In 1590 brandde kasteel Ammersoyen grotendeels uit. Het verhaal gaat dat een van de dochters van kasteelheer Joris van Arkel verliefd was op een jongen van lagere stand. Haar ouders waren hier fel op tegen en daarom stuurden ze haar liever naar een klooster. Tijdens haar afscheidsfeestje stichtte de ongehoorzame dochter brand in haar slaapvertrek. In de paniek die ontstond ging ze er vandoor met haar geliefde. Haar vader probeerde de brand te blussen, liep ernstige brandwonden op en stierf enkele dagen later. Van de dochter en haar minnaar is nooit meer iets gehoord.

HEET HANGIJZER

De grote kookpotten hingen boven het vuur aan een ijzeren haak. Deze haak had verschillende metalen uitsteeksels, zodat de pot hoger of lager kon worden opgehangen. Dat was een vervelend karweitje, want die haak werd boven het vuur natuurlijk erg heet. Te heet om zomaar aan te pakken. Vandaar de uitdrukking 'een heet hangijzer'.

gelegd voor de welgestelde edelen. Het gewone volk dronk bier en soms mede, een gegiste honingdrank. Liever geen water, want dat was over het algemeen niet geschikt om te drinken.
De meeste mensen aten eenvoudig. Wat precies is nooit opgeschreven, maar waarschijnlijk kwamen er bij een boerenfamilie voedingsmiddelen als brood, soep, seizoensgroenten, worst en graanpap op tafel. Bewoners van eenvoudige kastelen aten hetzelfde, al zal er in een gemiddeld kasteel wel wat vaker vlees en vis op het menu hebben gestaan dan bij een boer.
Zowel in als buiten het kasteel aten mensen brood. Ze bakten brood in platte pannen boven het haardvuur of in een oven. Arme mensen bakten over het algemeen brood van rogge of gerst, zachte graansoorten die ze zelf konden malen. Graan laten malen bij de molenaar was namelijk een kostbare zaak. Bovendien hadden molenaars een slechte naam: ze zouden meel met andere stoffen vermengen of waren niet altijd even eerlijk als ze het meel moesten afwegen. Kasteelbewoners konden meel gemalen door de molenaar wel betalen en bakten ook brood van het hardere tarwe. Wittebrood was voorbehouden aan de rijken.

Een middeleeuws gedekte tafel in kasteel Radboud

SERVIES

Zelfs de meest eenvoudige lieden gebruikten graag een tafelkleed en servetten. Dat gold zeker voor kasteelbewoners. Verder stonden er vingerkommetjes op tafel om in rozenwater de vingers te ontvetten. Borden van aardewerk, tin en zilver kwamen pas in de 16e eeuw op tafel. Vóór die tijd gebruikten mensen een stuk oud brood om hun vlees op te leggen. Het sap van het vlees werd opgenomen door het brood, waardoor het geheel goed smaakte. Ook aten ze wel van een houten teljoor, een soort snijplank waar ze meteen hun vlees op konden snijden.

Mensen aten met een lepel en hun handen. Vorken werden nauwelijks gebruikt en het mes was alleen bedoeld om mee te snijden, zeker niet om mee te eten, je tanden mee schoon te maken of af te likken. Dat mensen dit soort voorschriften ook eeuwen later nog aan hun laars lapten, blijkt wel uit het voorschrift van de Franse Kardinaal Richelieu in de 17e eeuw, om alleen nog tafelmessen met ronde punten te gebruiken.
Wijn en bier werd gedronken uit drinkbekers van aardewerk, steengoed, tin of zilver. Rijke edelen dronken ook wel wijn uit glazen drinkbekers. Bij kasteel Valkenburg is een wijnglas op hoge steel gevonden, afkomstig uit het begin van de 14e eeuw. Om te voorkomen dat mensen zo'n duur glas uit hun vette vingers lieten glijden, waren er ook glazen met noppen voor meer grip.
Bekers van de hoge adel waren ook vaak verguld of verzilverd en voorzien van familiewapens. Het mooie servies werd alleen gebruikt bij feestelijke gelegenheden of als er hoog bezoek kwam. Servies was kostbaar en daarvan had

Uitstalling van aardewerken serviesgoed in kasteel Helmond

EEN ADELLIJKE AANDOENING

Jicht was een pijnlijke aandoening die in toenemende mate voorkwam bij de adel. Dit was het gevolg van de overvloedige hoeveelheden eiwitrijk vlees in combinatie met liters wijn die zij naar binnen werkten. Arme mensen, die nauwelijks vlees aten, hadden praktisch geen last van jicht.

men over het algemeen niet zoveel. Daarom kwam een kasteelvrouw bij een groot banket al snel servies te kort. In zo'n geval leende men voor banketten vaak serviesgoed van andere edelen of zelfs van goud- en zilversmeden.

Een tekort aan servies zal voor Floris V niet vaak een probleem zijn geweest. Zoals veel rondreizende edelen had hij altijd een grote kist vol spullen bij zich. Dat blijkt uit de kisten die de graaf bij het klooster Sint Catharijne in Utrecht had achterlaten op de dag dat hij werd vermoord. In die kisten zat een zilveren eetservies met 117 schotels, 42 schalen en 21 lepels. Ook liet hij hier zijn glazen en drinkbeker achter, evenals zijn eigen harnas en dat van zijn paard, wandkleden, religieuze voorwerpen, een schaakspel en een triktrakspel. De graaf was op alles voorbereid, behalve helaas op een hinderlaag (zie blz. 33).

BANKETTEN

De middeleeuwen staan bekend om de uitgebreide banketten en braspartijen. Maar het beeld dat wij daarvan hebben, klopt niet helemaal. Wie tegenwoordig in een restaurant 'middeleeuws' gaat eten, krijgt bijvoorbeeld een plastic schort voorgebonden en mag zoveel eten en morsen als hij wil. Want dat is het huidige idee van een middeleeuws maal: morsen, eten met je handen, boeren, dansen op tafel, afgekloven botten onder tafel aan de hond voeren...

Het klopt dat mensen met hun handen aten, maar zeker bij een banket golden wel strikte tafelmanieren. Boeren, smakken, winden laten en praten met de mond vol waren er echt niet bij. Heren die een teljoor deelden met een dame, dienden eerst iets aan haar aan te bieden. En als ze samen uit een kroes dronken – vanwege het nijpende tekort aan serviesgoed – moest de man de kroes schoonvegen voordat hij deze aanbood aan zijn tafeldame.

De enorme hoeveelheden voedsel die mensen tijdens banketten verorberden, kwamen waarschijnlijk alleen voor bij de hoge adel. Het gewone volk en de lagere edelen konden zich dergelijke uitspattingen niet veroorloven. De hoge edelen organiseerden een feestmaal als er hoog bezoek kwam of als er iets te vieren viel, bijvoorbeeld een bruiloft of een verloving. Zo'n banket bestond dan uit grote hoeveelheden vlees en wildgebraad, want de adel hield van vlees, niet van groente.

Op vastendagen – woensdag of vrijdag plus zaterdag – en heiligendagen kwam er vis op tafel. Uit de beschrijving van een vastenmaal-

Reiger in de pot

Bij middeleeuws eten denken we vaak aan varkens aan het spit en stukken vlees waar het vet vanaf druipt. Dat aten middeleeuwers inderdaad, maar in grote, rijke kastelen stond er nog veel meer op tafel: gebraden reiger of kraanvogel, gevulde pauw en gestoofde walvistong. Soms aten ze zelfs dolfijn. Dat noemden ze dan 'meerswyn'. En aan het Franse hof kon je als toetje een enorme taart krijgen waar spelende muzikanten uit sprongen.

Middeleeuwse visloodjes gevonden bij de ruïne van Montfort

tijd uit het kookboek van de opperkok van een Duitse bisschop blijkt dat zo'n banket met vis minstens zo omvangrijk was als een feestmaal met vlees.

Een banket kende vaak drie zeer uitgebreide gangen. Een gang kon wel uit tien tot twintig verschillende gerechten bestaan, die op schotels en schalen van hout of aardewerk werden geserveerd. Daarbij at men werkelijk alles door elkaar: vlees en vis, zuur, hartig en zoet. Alleen de laatste gang bevatte relatief meer zoete gerechten. Eigenlijk leek zo'n banket wel op onze Indische rijsttafel, waarbij mensen van alles een beetje eten.

Vooral tegen het einde van de middeleeuwen werden de maaltijden van de hoge adel steeds extravaganter. Eén gang kon bestaan uit stoofpot met haas, gebraden kraanvogel, geroosterd wild zwijn, pasteien van kapoen, wulp en duif, gevulde varkenskop en geglaceerde eieren. Met daarbij nog allerlei pasteitjes, terrines, gekonfijt fruit, zuidvruchten en natuurlijk brood. Een absoluut topstuk in die tijd was een gevulde pauw opgediend in zijn eigen verenkleed.

Niet al deze ingrediënten waren voorhanden in een kasteel. Toen de hertog van Gelre in 1342 en 1343 op kasteel Montfort resideerde, liet hij voor zijn banketten tal van producten aanrukken: jonge ganzen en kippen, ossen en wild. Vanuit Harderwijk kwamen leveranciers vis uit de Zuiderzee brengen, waaronder dolfijn, dat 'meerswyn' werd genoemd. Ook nuttigde de hertog graag zalm uit de Rijn.

Voor de bereiding van al dit heerlijks maakten koks gebruik van gezouten en ongezouten boter, eieren en smaakmakers zoals mosterd, azijn en zout. Tuinkruiden die in de tijd van Karel de Grote nog veel voorkwamen, waren later in de middeleeuwen uit de mode. Alleen peterselie, bonenkruid, salie en hysop vonden nog hun weg naar de middeleeuwse kookpot.

Als zoetmiddel gebruikte de middeleeuwse kok vooral honing. Suiker maken uit suikerbieten was nog niet uitgevonden. Rietsuiker was wel bekend, maar moest helemaal uit India komen en was dus zeer kostbaar.

Zure, zoete en scherpe spijzen waren meer in trek dan zoute gerechten. Specerijen waren zeer populair. Er wordt wel beweerd dat de middeleeuwers kruiden en specerijen gebruikten om te maskeren dat het vlees was bedorven. Maar het gebruik van dure, exotische specerijen was vooral statusverhogend. Met peperdure spece-

Eten met je handen

Vorken hadden ze nog niet in de middeleeuwen. Je at met een lepel en een mes en natuurlijk met je handen. Ook toen moest je voor het eten je handen wassen. En net als nu mocht je aan tafel niet spugen en boeren of winden laten. Ook mocht je je nagels en je tanden onder het eten niet met een groot mes schoonmaken. Of je vieze handen afvegen aan je kleren, het tafelkleed of de hond.

ZOUT IN DE PAP!

Zout was duur in de middeleeuwen. Het was niet alleen belangrijk om het eten mee op smaak te brengen, maar vooral ook om etenswaren te pekelen, zodat ze langer houdbaar bleven.

Zout werd verkocht in grote blokken die droog moesten worden opgeslagen. In Huis Bergh is te zien hoe een zoutblok werd bewaard in een uitsparing die in de keuken boven de oven zat. Zo bleef het zoutblok warm en droog en had de kok altijd het zout bij de hand.

Handige bewaarplaats van zout onder de 'afzuigkap' van de keuken in Huis Bergh

rijen als saffraan, peper, nootmuskaat en kardamom afkomstig van de handel met het Verre Oosten maakte je flinke indruk op je gasten.

HYGIËNE

Met de hygiëne namen middeleeuwers het minder nauw dan wij nu doen. Dat was ook wel logisch: elke dag douchen was er natuurlijk niet bij en het opwarmen van een tobbe vol water boven een vuurtje kostte tijd en brandstof. Hoe vaak arme mensen zich wasten is niet bekend, maar vaak zal het niet geweest zijn. Bovendien dacht men in de middeleeuwen dat het niet gezond was om je te vaak te wassen: gezien de waterkwaliteit in die tijd hadden ze daar waarschijnlijk nog gelijk in ook.

Wie zich dienaren en hout kon veroorloven, nam wel vaker een warm bad. Dat gold dus zeker voor de wat beter gesitueerde kasteelbewoners. Dat bad namen ze dan in een grote houten tobbe voor het haardvuur, nadat het verwarmde water emmertje voor emmertje uit de keuken was gehaald. Zeep hadden ze ook, gemaakt van schapenvet of loog. Pas tegen het einde van de middeleeuwen drong geparfumeerde zeep in onze contreien door.

Kleding en tafellakens moesten natuurlijk wel schoon blijven. In tal van etiquetteboeken uit het einde van de middeleeuwen staan tips voor het verwijderen van vetvlekken uit wollen en zijden gewaden. Weken in verwarmde urine was bijvoorbeeld de beste manier om een vlek in een jurk aan te pakken.

Hun behoefte deden kasteelbewoners in een kamerpot of in het gemak. Het gemak was meestal een stenen zitting met een gat erin in een muurnis. Uitwerpselen vielen via een schacht met een plons in de gracht, vandaar de moderne term 'plonsplee'.

Schacht van een gemak in de muur van de Doornenburg

Gemak met balk in het Muiderslot

OVER DE BALK GOOIEN

De meeste plonsplees bestonden uit een stenen zitje met een rond gat erin in een nis van de muur. Er waren ook plonsplees waarbij je met je billen over een houten balk moest hangen. Daar komt de uitdrukking 'over de balk gooien' vandaan.

MODE

Vóór het jaar 1200 was de mode lang. Mannen en vrouwen droegen lange tunica's, de vrouwen wat langer dan de mannen: bij vrouwen kon je de schoenen niet zien, bij mannen nog wel. Daaronder droegen ze een even lang onderkleed. Boven de zoom was vaak een brede gekleurde band aangebracht en om hun middel droegen mannen en vrouwen een riem of ceintuur. De mouwen waren wijd, maar strak rond de polsen. Als het koud was droegen mannen en vrouwen een lange mantel of cape die bijeen werd gehouden met een speld, een zogeheten fibula.

Na verloop van tijd werden de rokken van de vrouwen zo lang dat ze over de grond sleepten en de tunica's van de mannen korter. Als de mannen ten strijde trokken, droegen ze uiteraard speciale, gewatteerde kleding onder hun harnas of maliënkolder.

Het verschil tussen de kleding van de adel en de boeren zat vooral in de kwaliteit van de stoffen, niet in de snit. Alleen de hoge adel kon zich gewaden van fluweel, brokaat en zijde ver-

Foto boven:
Voorbeeld van middeleeuwse kleding van een kasteelheer (links) en zijn vrouwe (rechts) in het Muiderslot

Foto onder:
Een met emblemen en wapens versierde tunica van een ridder in het Muiderslot

oorloven, het gewone volk droeg kleding gemaakt van wol of linnen.

De kleuren van de kleding waren vaak donker: zwart of bruin. De kleurige mode van de Fransen drong hier pas veel later door. Wel hield men ervan emblemen en wapens op kleding te borduren. Vooral tijdens toernooien was het zaak te laten zien bij welk adellijk geslacht je hoorde.

Ongetrouwde meisjes droegen hun haar los, getrouwde vrouwen droegen hun haar gevlochten onder een kap of een sluier. Dat gebeurde onder invloed van de geestelijke stand, die wilde dat vrouwen hun haar en lichaamsvormen zo veel mogelijk verborgen onder hun kleding. Daarom lijken getrouwde vrouwen vanaf ongeveer 1200 steeds meer op nonnen.

Onder invloed van de Franse mode kwam in de loop van de 14e eeuw de karakteristieke punthoed met sluier in de mode. Ook droegen vrouwen soms zeer ingewikkelde hoofddeksels, zoals een kap met daarop twee puntige hoorns en een sluier.

De schoenen en laarzen van mannen liepen in een punt uit. Deze punten werden door de eeuwen heen steeds langer; zo lang zelfs dat

KASTEELVROUWEN: STRIJDBAAR OF ONDERDANIG?

Van vrouwen werd in de middeleeuwen verwacht dat ze zich onderdanig opstelden ten opzichte van mannen. Ze waren dochter, moeder en echtgenote en moesten de mannen in hun omgeving gehoorzamen. Een vrouw op eigen houtje beslissingen laten nemen, kon niet, vond men in de middeleeuwen. Daar kwam alleen maar ellende van, zoals overduidelijk was gebleken uit het onverantwoordelijke gedrag van Eva in het Paradijs. Vooral de geestelijke stand hamerde regelmatig op de noodzaak vrouwen kort te houden.

De vraag is natuurlijk hoe het in de praktijk ging. Wie alleen afgaat op middeleeuwse kronieken denkt al snel dat vrouwen niets te vertellen hadden. Maar wie waren de schrijvers van deze epistels? Over het algemeen waren dat monniken die celibatair moesten leven en mede daardoor een bepaalde mening hadden over vrouwen. De middeleeuwse Franse schrijfster Christine de Pisan dacht heel anders over de rol van de vrouw in de samenleving.

Middeleeuwse vrouwen hadden in de praktijk te maken met zeer tegenstrijdige eisen. Dit gold zeker voor kasteelvrouwen. Aan de ene kant moesten ze hun man, vader of broer gehoorzamen en zich bescheiden opstellen. Aan de andere kant werd van kasteelvrouwen wel verwacht dat ze hun man vervingen als hij op reis was of op kruistocht ging. En dan moesten ze ook alles maar kunnen: bevelen geven, het huishouden runnen, omgaan met pachters, horigen en kooplieden. En als het nodig was het kasteel verdedigen tegen belegeraars. Zoals Bertha van Heuckelom, de vrouw van Gijsbrecht van Amstel. In 1297 verdedigde zij kasteel IJsselstein dat werd belegerd door Wolfert van Borssele. Zelfs toen zij hoorde dat haar man inmiddels gevangen was genomen, hield zij stand. Uiteindelijk moest zij het kasteel na een jaar prijsgeven en toezien hoe acht van haar zestien manschappen werden onthoofd.

Sommige edelvrouwen waren intensief betrokken bij de politiek. Denk maar aan Aleid van Kleef die samen met Lodewijk van Loon het graafschap voor haar dochter Ada wilde behouden. Of Jacoba van Beieren die eerst haar oom Jan van Beieren en daarna haar neef Philips de Goede bestreed om de macht.

In de loop van de 14e eeuw kwam het steeds vaker voor dat klerken en rentmeesters de kasteelheer assisteerden bij de administratie en het beheer van het kasteel. Zij traden ook op als zijn plaatsvervanger, waarmee ze de rol van de kasteelvrouw overnamen. Dat betekende niet dat die zich liet verbannen naar haar spinnenwiel. Ze bleef een belangrijke rol spelen, bijvoorbeeld bij het zoeken van geschikte huwelijkspartners van haar kinderen.

mannen erover gingen struikelen. Dat kon je natuurlijk niet gebruiken tijdens een toernooi of veldslag. Daarom bond men in de 14e eeuw de punten met een veter aan de bovenkant van de laars of schoen vast. Puntige schoenen waren overigens in de ogen van de kerk een verwerpelijke frivoliteit.

De Franse en later Italiaanse mode drong maar langzaam door in Noord-Europa. Hier droegen de kasteelbewoners nog tot het einde van de middeleeuwen hun lange gewaden. De strakke maillots, de sierlijke hoofddeksels en de kleurige wambuizen die we van schilderijen kennen, werden bij ons pas ver in de 15e eeuw gedragen en dan nog alleen door vertegenwoordigers van de hoge adel.

Voor de gewone mensen veranderde de mode tijdens de middeleeuwen nauwelijks. Hun kleding was waarschijnlijk korter en minder wijd dan de gewaden van de adel. Pas met de opkomst van de steden begonnen ook burgers zich extravaganter te kleden.

AMUSEMENT

Kasteelbewoners waren 's ochtends al vroeg uit de veren en gingen meestal met de kippen op stok. In een tijd zonder centrale verwarming en elektrische verlichting waren de mensen zuinig met brandhout en kaarsen. Toch was er in de avonduren wel gelegenheid voor amusement. Dobbelen, schaken en triktak waren populaire spelen. Vrouwen en meisjes hielden zich verder bezig met diverse handwerkjes, zoals borduren en weven.

Schaken was in de middeleeuwen het favoriete spel van de adel

Het schaakspel is afkomstig uit India, waar het al in de 7e eeuw werd gespeeld, en werd door de kruisvaarders in 1099 meegenomen naar Europa. De term 'schaakmat' komt van het Arabische 'shah mat', wat 'de koning is dood' betekent. Schaken werd al snel zeer populair bij de adel. Ze speelden graag met prachtige schaakstukken van ivoor, goud en zilver en namen het spel mee op reis. Dat blijkt bijvoorbeeld uit het schaakspel en het triktrakspel die werden gevonden in de kist die Floris V achterliet op de dag van zijn moord.

Muziek was een andere favoriete vorm van vermaak. Vrouwen zongen vaak tijdens het weven en spinnen. Rondtrekkende minstrelen vermaakten de kasteelbewoners met hun epische liederen over koene ridders en romantische ballades over hoofse liefde. Muzikanten speelden deuntjes op de luit, de viool, de trompet, de fluit of de harp, en sprooksprekers boeiden het gezelschap met hun voordrachten en spannende verhalen.

Bij grote banketten en feesten nodigde de kasteelheer diverse muzikanten en potsenmakers uit om zijn gasten te vermaken.

Gouden vorkjes

Het is niet zo dat vorken in de middeleeuwen nog niet waren uitgevonden. Aan het Venetiaanse hof leefde in de 11e eeuw een Byzantijnse prinses die erop stond haar eten met een vorkje naar haar mond te brengen. Zij wilde dat iedereen dat aan tafel zou doen, maar haar tijdgenoten moesten er niet aan denken. IJdeltuiterij vonden ze deze rare gewoonte.

En in de 15e eeuw werd schande gesproken over een vrouw in Lombardije die haar eten niet met haar handen wilde aanraken. In plaats daarvan gebruikte ze gouden vorkjes. Men wist zeker dat deze vrouw hiervoor zou moeten boeten in de hel.

Een hoorn gevonden bij Slot Loevestein

6 | *Machtig middelpunt*

Leven rond een kasteel

Een kasteel nam in het middeleeuwse leven bijna net zo'n belangrijke plaats in als de kerk. Mensen waren afhankelijk van de kasteelheer voor hun dagelijks brood, hun veiligheid en de rechtspraak.

Foto linkerpagina:
Kasteel Doornenburg

In het middeleeuwse leven nam een kasteel net als de kerk een centrale plek in. Hier woonde de man die het voor het zeggen had in het omliggende gebied. Zijn invloed op de bevolking was groot. Mensen waren afhankelijk van de kasteelheer voor hun inkomsten, hun veiligheid en de rechtspraak. Het moet dan ook een komen en gaan zijn geweest van boeren en horigen, ridders en soldaten, bodes en hoge gasten en andere bezoekers.

Maquette van 't Huys Dever

WERKEN OP HET KASTEEL

Hoeveel mensen er gemiddeld op een kasteel werkten in de middeleeuwen, is niet zomaar te zeggen. Waren drie bedienden genoeg om een klein kasteeltje in bedrijf te houden? Of had een kasteelheer toch zeker een stuk of zes mensen in dienst om het huishouden te runnen en het kasteel te verdedigen? Uiteraard geldt: hoe groter het kasteel, hoe meer mensen er werkten. Wie de ruïnes van kasteel Valkenburg, Montfort en Teylingen bezoekt, kan zich wel een voorstelling maken van al die dienaren: om zo'n groot slot te runnen, waren tientallen mensen nodig. Kasteeltjes als Stein, Dever en de Schierstins hadden waarschijnlijk genoeg aan een of twee wachters en een paar bedienden.
Ook de functie van het kasteel beïnvloedde het personeelsbestand. Loevestein en Medemblik dienden in de eerste plaats als garnizoen en hier zullen dan ook minder persoonlijke bedienden hebben gewerkt dan op Teylingen en Montfort.

Imposant Teylingen

De slotkapel van de Doornenburg

Hoe rijker en machtiger de kasteelheer, hoe meer mensen er voor hem werkten.
De graaf van Holland had tegen het einde van de 14e eeuw een enorme hofhouding. Een deel van deze mensen reisde altijd met hem mee. Vaak was er in het kasteel waar de graaf overnachtte niet genoeg ruimte voor zoveel extra mensen. Die werden dan in het naburige dorp ondergebracht.
Een deel van het huishoudelijk personeel werkte vast op het kasteel. In de 'huishoudboekjes' die de ijverige kasteleins van Limburgse kastelen hebben nagelaten is sprake van dienstmeisjes, melkmeisjes, keukenmeesters, stalknechten en wasvrouwen. Verschillende kastelen hadden verder een eigen molenaar, bierbrouwer, bakker en timmerman. En soms ook een barbier.
Kasteelheren en -vrouwen hadden ook nog persoonlijke bedienden: een kamerheer die de kasteelheer met van alles en nog wat assisteerde, en een dame die de kasteelvrouwe hielp en gezelschap hield. Als een kasteel een kapel had, was er meestal ook een kapelaan te vinden die de mis opdroeg en verantwoordelijk was voor het zielenheil van alle bewoners.

Een kasteelheer had niet alleen personeel nodig voor de huishouding, maar ook voor de verdediging. Ridders en knapen, wachters, portiers, boogschutters en torenknechten moesten ervoor zorgen dat het kasteel bij een aanval verdedigd kon worden, dat er niemand zomaar naar binnen kon en dat de gevangenen werden bewaakt. Sommige gingen met hun heer mee als hij op 'heervaart' werd geroepen. Dat betekende dat zijn leenheer hem opriep om met hem mee te gaan om deel te nemen aan bijvoorbeeld een belegering, een kruistocht of een veldslag.
Graven, hertogen en andere hoge edelen beschikten vaak over meer dan een kasteel. Tot de 14e eeuw reisden zij voortdurend rond, samen met hun hofhouding. Voor onderdak konden zij ook bij hun leenmannen terecht, want het was gebruikelijk dat hun kastelen altijd openstonden voor de leenheer.
Die gewoonte had Karel de Grote al: om er zeker van te zijn dat er genoeg te eten was als hij zijn domeinen bezocht, schreef hij precies voor welke gewassen er in de buurt van een kasteel moesten worden verbouwd.
Als de heer en zijn hofhouding werden verwacht, was er vaak paniek op het kasteel. Alles moest immers in orde worden gemaakt voor de komst van de heer en zijn entourage, en niemand wist hoe lang hij zou blijven. Aangezien de hoge adel vaak reisde in gezelschap van een aanzienlijke hofhouding, moest er ook voldoende eten en drinken zijn voor iedereen. Een kasteel had dan tijdelijk extra personeel nodig, de voedselvoorraden moesten worden aangevuld en het hele kasteel diende te worden schoongemaakt.
Die paniek blijkt duidelijk uit de brieven van de kastelein van de burcht te Oostvoorne. Toen hij hoorde dat graaf Jan van Beieren zijn intrek in de burcht wilde nemen, moest hij als een haas allerlei achterstallig onderhoud verrichten.
Ook in tijd van oorlog kon het aantal mensen op een kasteel onverwachts toenemen. Horigen en boeren in de directe omgeving van het kasteel zochten er hun toevlucht. Garnizoenen met soldaten werden aangevuld met extra vechtjassen. Al die mensen en paarden moesten worden gevoed. Geen wonder dat kastelen vaak over grote voorraden beschikten. Alleen op die manier konden ze een langdurig beleg weerstaan.

FLEXWERKERS

Soms waren er tijdelijk meer mensen nodig op het kasteel. Bijvoorbeeld als het hooi moest worden binnengehaald. Of als het kasteel werd verbouwd. Hooiers en bouwvakkers waren de flexwerkers van de middeleeuwen. Zij trokken van kasteel naar kasteel om de tijdelijke klussen te klaren.
Vooral de bouw van een kasteel vereiste heel wat mankracht: gravers, timmerlieden, leidekkers, metselaars, klusjesmannen en strodekkers. Zo waren voor de verbouwing van Montfort in 1342 en 1343 gemiddeld 43 metselaars, steenhouwers, opperknechten en andere bouwvakkers aan het werk. En dan hebben we het nog niet eens over de houthakkers die nodig waren om de steenovens van genoeg hout te voorzien: drie in 1342 en zes het jaar erna.

Als de kasteelheer in aantocht was, onderging het kasteel een grondige schoonmaakbeurt (Huis Bergh)

VOORBURCHT

Vanaf de tijd van de mottekastelen beschikten kastelen vrijwel altijd over een voorburcht. De meeste voorburchten lagen net buiten de gracht van het hoofdkasteel. Ze werden op hun beurt beschermd met een muur en vaak een eigen gracht. Desondanks was de voorburcht niet de meest veilige plek van het terrein. Maar al te vaak wisten belegeraars door te dringen tot de voorburcht, waar ze de gebouwen in brand staken en de aanwezige kasteelbewoners om het leven brachten. Dat gebeurde bijvoorbeeld tijdens een van de aanvallen van de bisschop van Utrecht op de burcht van Coevorden.

Vaak werd de voorburcht gebruikt om werkzaamheden uit te voeren waarvoor in het kasteel zelf geen plaats was. Er was bijvoorbeeld ruimte om paarden te stallen, dieren te slachten en bier te brouwen. Zo beschikte de voorburcht van Oostvoorne over een groot aantal 'bedrijfsgebouwen': een bakhuis, een melkhuis, een dorshuis, een brouwhuis, een slachthuis, een keuken, een smederij en een turfhuis. En dat was nog niet alles: er stond ook een boerderij, een ruimte voor valken en een 'bottelrie', een opslagruimte voor proviand en dranken. Verder had een voorburcht vaak een eigen waterput, een kruidentuin en een boomgaard, zoals in Coevorden en Oostvoorne. Deze laatste burcht had zelfs een wijngaard.

Met een grote voorburcht voor de poort hoefde niet iedereen meer in het kasteel zelf te slapen. Ook de kasteelheer en zijn gezin verbleven wel op de voorburcht. Een houten huis was over het algemeen een stuk comfortabeler dan een tochtig kasteel. Dat was bijvoorbeeld het geval bij Oostvoorne. Het huis op deze voorburcht had een zaal, een huiskapel en een grote kamer, waar de heren en vrouwen van Voorne woonden en werkten. Aan deze grote kamer grensde een badhuis, een zogenaamde 'stove'.

Ook van de voorburcht van Teylingen is niets meer over. Hier stond onder andere een 'slaaphuis', een stal en een wagenhuis. Rond 1400 werden de gebouwen op de voorburcht flink verbouwd en kwam er een nieuw huis. Hier

In de voorburcht van de Doornenburg grazen geitjes, net als vroeger

Overzicht van de enorme voorburcht van de Doornenburg

verbleef Jacoba van Beieren als ze naar Teylingen kwam. Dit huis was overigens zeer smaakvol ingericht: na haar dood bleek dat Jacoba zich graag liet omringen door gouden en zilveren voorwerpen, prachtige sieraden droeg, en een enorme hoeveelheid meubels, keukengerei en kleding bezat. En dat terwijl ze in de laatste jaren van haar leven zoveel schulden had dat haar derde man na haar dood afzag van de erfenis.

Kasteel Doornenburg

Er zijn nog maar weinig kastelen over met een intacte voorburcht. Maar die van kasteel Doornenburg bestaat gelukkig nog. Op een strategische plaats vlak bij de splitsing van Rijn en Waal was al in de 9e eeuw sprake van een 'villa Doronburc': misschien een versterking met een aarden wal beschermd door doornstruiken. Het moet een burcht zijn geweest die de omgeving domineerde. En dat is nog steeds zo: je ziet de vierkante kolos al op grote afstand aan de horizon opdoemen.

Wie de enorme voorburcht van ruim 3000 m² via de ophaalbrug en de zware hoofdpoort betreedt, waant zich in de middeleeuwen. Langs de ringmuur met stukken van de voormalige weergang lopen geiten en in de zuidwesthoek staat een prachtige slotkapel met arkeltorentje uit de 16e eeuw. De huidige boerderij rechts van de poort stond vroeger aan de overkant waar nu de geitjes grazen. Verder heeft de voorburcht een toren, de zogenaamde Langeracktoren. Deze toren deed jarenlang dienst als 'tiendengebouw': daar betaalden de boeren hun belasting aan de heer. In het langgerekte dienstgebouw – nu een koffieschenkerij – is een schouw te vinden die vroeger in de kemenade van de hoofdburcht zat. Afgaande op de resterende fundamenten stonden hier in de middeleeuwen nog meer gebouwen, zoals een smidse, een bakhuis en paardenstallen.

De hoofdburcht is alleen te bereiken via de voorburcht en een tweede ophaalbrug. Het vierkante kasteel van 18 bij 22 meter heeft op drie hoeken een uitspringend arkeltorentje. Het oudste gedeelte bestond uit een vierkant zaalgebouw van één verdieping met een kelder eronder en een binnenplaats. In de 15e eeuw breidden de bewoners het kasteel flink uit. De binnenplaats maakte plaats voor de huidige hal en de zaal kreeg er een verdieping bij.

De tussenmuurtjes in de zaal waarmee bewoners in de 17e eeuw diverse woonvertrekken creëerden, zijn tijdens de restauratie van 1938 weggelaten. Daardoor is de zaal net als in de

In de Langeracktoren van de Doornenburg moesten boeren hun tienden afdragen

De poort die toegang geeft tot de Doornenburg zelf

Zijaanzicht van de hoofdburcht en een deel van de voorburcht van de Doornenburg

middeleeuwen weer één geheel. Ooit hingen hier kostbare gobelins en wapenschilden, maar deze hebben de tand des tijds niet overleefd. Hetzelfde geldt voor het stucplafond uit 1660 met de afbeelding van Gijsbrecht van Amstel als ridder te paard. Achter in de zaal is via een trappetje de zogenaamde kemenade te bereiken: een behaaglijk kamertje waar het waarschijnlijk een stuk warmer was dan in de grote zaal. Hier bevindt zich ook een gemak.

Een muurtrap leidt naar de kelder. Deze ligt recht onder het oudste deel van het kasteel en heeft een hoog tongewelf, een stookplaats en een broodoven. Deze oven kwam in de Tweede Wereldoorlog goed van pas, toen zo'n 170 bewoners van de Betuwe enige tijd in het kasteel onderdak vonden. In de wijde omgeving was het kasteel de enige plek waar brood gebakken kon worden.

De bovenzaal was vroeger in tweeën gedeeld en had dan ook twee schouwen en latrines. Dit waren de slaapvertrekken. Ernaast, recht boven de kemenade, is de kleine bovenzaal te vinden. Dit was volgens de overleveringen de slaapkamer van de dochters van de kasteelheer.

Via een smalle wenteltrap bereik je een prachtig uitkijktorentje met vier luiken die naar alle kanten uitzicht bieden. Een ideale positie om de omgeving in de gaten te houden.

Door erfopvolging kwam het kasteel steeds in andere handen. In tegenstelling tot veel andere kastelen werd het nooit belegerd of verwoest. Maar het verval trad in, toen het vanaf 1847 niet meer werd bewoond. In 1936 kocht Jan Herman van Heek de Doornenburg, die het kasteel schonk aan de Stichting tot Behoud van den Doornenburg. Hij wilde het kasteel weer in de oude glorie laten restaureren, net zoals hij dat had gedaan bij Huis Bergh.

In 1941 was de restauratie klaar, maar eind 1944 werd het kasteel het hoofdkwartier van de Duitsers en kwam het in de frontlinie te liggen. Dit werd het kasteel fataal: een bombardement door de Britten in januari 1945 vernielde een deel van de voorburcht, en twee zware bommen bliezen op 14 maart de hoofdburcht op. De Duitsers hadden zich tijdig uit de voeten gemaakt, maar kwamen nog even terug om de hoofdpoort op te blazen. Alleen de slotkapel en het aangrenzende dienstgebouw hebben deze aanvallen doorstaan.

Na de oorlog restte er van de Doornenburg dus een grote berg puin. Beetje bij beetje werd het kasteel daarna weer opgebouwd. Eerst de be-

schadigde voorburcht en vanaf 1955 de hoofdburcht. Op 26 mei 1966 was de Doornenburg geheel in oude glorie hersteld.
Recentelijk werd het kasteel nog bezocht door een Brit die zijn tranen niet kon bedwingen: het was de piloot die op die noodlottige dag in maart 1945 zijn bommen op de hoofdburcht had laten vallen.
www.kasteeldoornenburg.nl

GELD Om als een edelman te kunnen leven, had een kasteelheer nogal wat inkomsten nodig. Kastelen zijn duur in onderhoud – en waren dat ook in de middeleeuwen – , om nog maar te zwijgen van de kosten van de bouw of verbouw van een kasteel. Verder moest de kasteelheer zijn personeel betalen en voorzien van kost en inwoning. Om te kunnen voldoen aan de plicht van heervaart als de leenheer daarom vroeg, diende hij ook nog eens te zorgen voor voldoende paarden, harnassen en wapentuig.
Het dagelijks leven op het kasteel was ook niet bepaald goedkoop. Alle aanwezigen moesten te eten hebben, ergens kunnen slapen en zich warmen aan een vuurtje. Vrouw en kinderen dienden natuurlijk goed gekleed door het leven te gaan. Zij konden er onmogelijk bij lopen als bedienden.
Had de kasteelheer een aantal dochters, dan kregen die allemaal een bruidsschat mee, anders konden ze een goed huwelijk wel vergeten. Gelukkig kon een kasteelheer een 'overschot aan' dochters meestal voor een koopje kwijt bij een klooster in de buurt. Bruiloften en partijen werden groots gevierd en hoge gasten werden in stijl ontvangen. Zo liet je als kasteelheer zien dat je een man van adel was.
Wie een bestaan wilde leiden als edelman moest dus diep in de buidel tasten. Hoe groter het kasteel en het leen, hoe meer geld hij kwijt was. Geen wonder dat een gemiddelde kasteelheer af en toe geldzorgen had. Gelukkig hoefde hij geen belasting te betalen: daarvan waren adel en geestelijken vrijgesteld. Alleen gewone mensen betaalden belasting: aan hun heer en aan de kerk.

WILDERNIS

In de middeleeuwen was een groot deel van ons land onbewoond en onontgonnen; het bestond uit bossen, heidevelden en moerassen. Samen werden die de 'wildernis' genoemd. Vanaf 1200 groeide de bevolking sterk en daarmee de behoefte aan weide- en akkergrond. Maar wie was de eigenaar van de wildernis? De heer van het land natuurlijk: meestal de graaf, de hertog of de bisschop. Zij gaven stukken van de wildernis aan edelen in leen. Ook werden veel stukken wildernis bewerkt door monniken die er een klooster wilden stichten.
Edelen die in de wildernis gingen wonen, waren vaak verarmd en grepen de kans om opnieuw te beginnen. Ze bouwden zo snel mogelijk een kasteel en trokken kolonisten aan om het land voor hen te bewerken. Deze kolonisten waren vaak arme mensen voor wie elders geen plaats was. De kasteelheer gaf hun een stuk land om te ontginnen en te bewerken. Hiervoor betaalden ze pacht: aanvankelijk vaak een deel van hun opbrengst – de tienden – en later steeds vaker een vast geldbedrag.

Binnen een heerlijkheid waren de meeste mensen volledig afhankelijk van het kasteel. Een deel van het land hoorde bij het kasteel en de rest werd door de kasteelheer verpacht aan boeren: vrije boeren of onvrije horigen. Vrije boeren betaalden pacht, horigen moesten een deel van de opbrengst aan hun heer afdragen.

Horigen bewerkten verder het land van het kasteel en verrichtten vaak ook nog de zogenaamde herendiensten. Dat betekende dat zij een deel van de week gratis op het land van de heer werkten of andere werkzaamheden uitvoerden. Verschillende heren maakten misbruik van hun positie en lieten hun horigen zo hard werken dat ze nauwelijks toekwamen aan hun eigen stukje land.

Horigen waren gebonden aan het landgoed, wat betekende dat ze niet zomaar mochten vertrekken of met iemand van een ander landgoed trouwen. Als de kasteelheer zijn leen verkocht of verloor, kregen de horigen te maken met een nieuwe heer.

Tegen het einde van de middeleeuwen kwam er een einde aan de horigheid en waren de meeste horigen vrije boeren geworden. Ze betaalden de kasteelheer alleen nog pacht.

Zowel vrije boeren als horigen moesten een tiende deel van de opbrengst van hun stukje land afstaan aan de kerk: de zogenaamde tienden. Aanvankelijk betaalden de horigen en de vrije boeren in natura, later in geld. De tienden die zij aanvankelijk alleen aan de kerk betaalden, moesten in de loop van de 12e en 13e eeuw ook worden afgedragen aan kasteelheren die een gebied in leen hadden van de graaf of hertog. Een op de tien biggen, lammeren, kalveren en veulens was voor de heer. Hetzelfde gold voor een tiende van alle opbrengsten van het land: koren, fruit, kruiden en groenten.

Boeren die hun koren wilden laten malen, waren verplicht de molen van hun heer te gebruiken – tegen betaling uiteraard. Dat noemde men het windrecht. Niet voor niets werd zo'n molen een 'dwangmolen' genoemd. Vissen mocht ook niet zomaar: daarvoor moest een boer de heer eveneens betalen. Jagen op vogels en ander wild was al helemaal niet toegestaan: de jacht was het recht van de heer. Net als het vangen van zwanen of reigers. Dergelijke edele dieren mochten alleen door een edelman worden opgegeten.

TOL

Naast de inkomsten van het land moesten kasteelheren het hebben van het innen van tol en het heffen van boetes. Kastelen die pal aan een rivier of handelsroute lagen, leverden aardig wat op. De graven en later hertogen van Gelre heersten over het rivierengebied tussen Maas, Rijn en Waal en deden er alles aan om hun

Eén op de tien lammeren was voor de kasteelheer

Kasteel Hernen

profijtelijke heerschappij over de tollen bij Lobith,Tiel en Heerewaarden te behouden.

Nu mocht een kasteelheer niet zomaar tol heffen. Daarvoor had hij toestemming nodig van zijn leenheer, al liet hij het vragen daarom maar al te vaak achterwege. Dirk Loef van Slot Loevestein, kwam in de problemen omdat hij tol inde in het nabijgelegen Woudrichem, waartoe hij helemaal geen recht had.

De Hollandse graaf Dirk III maakte het helemaal bont: hij bouwde een tolhuis bij Vlaardingen zodat hij tol kon heffen van alle passerende schepen bij Vlaardingen. Maar dit was een recht dat uitsluitend de bisschop van Utrecht toekwam. In 1018 had de bisschop er genoeg van: hij riep de hulp in van de Duitse keizer. Onder leiding van de bisschoppen van Utrecht en Luik en de hertog van Lotharingen trok een keizerlijk leger richting Vlaardingen om Dirk mores te leren. Voor de graaf was de Slag bij Vlaardingen een groot succes, het vijandelijk leger sloeg op de vlucht.

Kasteel Hernen

Er bestaan maar weinig kastelen die er nog zo middeleeuws uitzien als kasteel Hernen in de Betuwe. Het heeft een sfeervolle binnenplaats en een prachtige, later overdekte weergang. De mysterieuze donderbezem die in de gevel is gemetsteld, moest ervoor zorgen dat de bliksem niet insloeg. Zo'n bezem is nog steeds veel te zien als gevelteken op boerderijen in Oost-Nederland. Dat Hernen er zo middeleeuws uitziet, is bijzonder te noemen. Als kastelen de middeleeuwen, de Tachtigjarige Oorlog en de invallen van de Fransen al wisten te overleven, werden ze in de Tweede Wereldoorlog vaak alsnog aan puin geschoten. Kasteel Hernen is dit alles bespaard gebleven.

Het kasteel is gebouwd als tolhuis aan een zijarm van de Maas. Toen de rivier op deze plek begon dicht te slibben, kon er geen schip meer langs. Dat was tegelijk het einde van het tolhuis. Mede daardoor was het kasteel niet interessant genoeg meer om aan te vallen of te belegeren. Zo behield het de middeleeuwse kenmerken die zoveel andere kastelen verloren.

In de 14e eeuw werd Alart van Driel eigenaar van het kasteel. Hij trof waarschijnlijk een ouder kasteel aan, waarvan de resten mogelijk aanwezig zijn onder de voorburcht. Van Driel ging voortvarend aan de slag en bouwde een

zware vierkante toren met muren van 2,5 tot 3 meter dik. Deze toren is nu niet meer te zien, hij is in de 18e eeuw ingestort.
Voor de bouw van het kasteel waren uiteraard veel stenen nodig. Die werden gebakken in veldovens, die in 2002 ten noordoosten van het kasteel zijn teruggevonden.
Van Driel bouwde verder een dikke ringmuur, waardoor een rechthoekige binnenplaats ontstond. Met z'n dikke muren en schietgaten was het kasteel op iedere aanval voorbereid.
Door het verdwijnen van Hernens strategische functie, werd de woonfunctie belangrijker. Dat is goed te zien aan de manier waarop de familie Van Wijhe tussen 1400 en 1555 het kasteel uitbreidde met een aantal woonvertrekken. Zo bouwden ze een zaalgebouw met een verdieping en een uitspringende traptoren en trokken ze het schuine dak door over de weergang langs de west- en noordmuur. Voor het laatste huis aan de westzijde werden zelfs delen van de muur weggehakt. Al deze verbouwingen zijn nog steeds te zien aan de niveauverschillen van de vloeren en aan de aanzetten in de muren.
Als de wapensteen boven de poort klopt, was de verbouwing in 1555 klaar. Maar de eigenaars verbleven er zelden. In later eeuwen voerden ze nog wel enkele verbeteringen door zoals een nieuwe zuidmuur, bredere ramen en een andere ingang.
De laatste particuliere eigenares schonk het kasteel in 1940 aan de Stichting Vrienden der Geldersche Kasteelen, die het kasteel sindsdien beheert. Doordat het kasteel zo mooi intact is gebleven, was het een ideale locatie voor de opnamen van de televisieserie *Floris* in de jaren zeventig.
www.kasteelhernen.nl

Duiventillen

In de middeleeuwen mocht je niet zomaar duiven houden. Dat recht had alleen een kasteelheer van een groot kasteel. Die mocht bij zijn kasteel een duiventil of duiventoren laten bouwen. Als je duiven had, wist je zeker dat je altijd vers vlees op tafel kon zetten. Duivenpoep was weer goede bemesting voor de grond.
De kasteelbewoners vonden vooral jonge duiven erg lekker. Soms maakten ze een jonge duif met een koperdraadje vast aan het nest zodat de oude duiven zouden doorgaan met voederen. Zo wist je zeker dat de duif goed vet zou worden, niet weg kon vliegen en lekker mals zou smaken. Het vlees van een dier dat zich niet kan bewegen is namelijk malser en witter dan van een dier dat wel beweegt.

Duiventillen bij Ammersoyen (links) en Helmond (rechts)

Voormalig roofridderkasteel Rechteren bij Dalfsen

ROOFRIDDERS

Een kasteelheer liet zich eigenlijk voor van alles en nog wat betalen. Niet alleen hief hij tol, ook voor het steken van turf wilde hij geld, of voor het brouwen van bier – uiteraard verplicht in de brouwerij van het kasteel. Als een horige was gestorven, had de heer recht op het beste deel van de erfenis. En ging een boer trouwen, dan moest hij daarvoor belasting betalen aan zijn heer.

Al die rechten waren zorgvuldig vastgelegd. Sommige rechten kwamen alleen de hoogste adel toe: de graaf of hertog, de bisschop of de keizer. Lang niet alle kasteelheren trokken zich hier iets van aan. Ze gingen bijvoorbeeld zelf munten slaan met hun eigen beeltenis of eigenden zich andere koninklijke rechten toe. De ene keer liep dat slecht af en moesten ze het recht onder dwang teruggeven. De andere keer kregen ze het voor elkaar dat de leenheer accepteerde dat ze een bepaald recht uitoefenden. Sterke kasteelheren konden hun kas zo aardig spekken.

Ook anderszins gingen sommige kasteelheren hun eigen gang. Zo is de grens tussen een rechtgeaarde kasteelheer en een roofridder niet altijd goed te trekken. Roofridders waren kasteelheren die met een paar gewapende mannen de omgeving afstroopten. Ze dwongen kooplieden hun handelswaar af te staan of vroegen buitensporig veel tolgeld.

Tijdens de Honderdjarige Oorlog werd het Franse platteland geteisterd door bendes ridders en huurlingen die plunderend, moordend en brandstichtend rondtrokken.

Zo ver is het in onze contreien nooit gekomen. Een van de kastelen die in de middeleeuwen bekendstonden als roofridderburcht, was kasteel Rechteren bij Dalfsen in Overijssel. De bewoners van deze burcht, de heren van Voorst, maakten de handelsweg tussen de stad Zwolle en het land erachter onveilig.

In 1233 hadden de bewoners van Zwolle hier genoeg van: ze versterkten hun stad, zodat ze daar tenminste veilig waren voor de roofridders. De heren van Voorst lieten zich hierdoor niet weerhouden en breidden hun burcht in de 14e eeuw uit met een stevige donjon die nog steeds de omgeving domineert.

Slot Loevestein

Ongenaakbaar staat Slot Loevestein op de plek waar Maas en Waal samenkomen. Een ideale plek voor een roofridder, zou je zeggen. Er kwamen bijna dagelijks schepen van kooplieden voorbij. Of de man die dit kasteel liet bouwen inderdaad een roofridder was, valt te betwijfelen. Heer Dirk Loef van Horn van Altena was in ieder geval een kleurrijke figuur in de 14e eeuw. Zeker is dat hij de enige echte heer van Loevestein is geweest. Na zijn dood hebben er alleen nog kasteleins op Loevestein gewoond.

Slot Loevestein stamt uit de 14e eeuw. Op het door cisterciënzer monniken ontgonnen Munnikenland bouwde Dirk Loef een wel zeer strategisch gelegen slot. Of hij hiertoe zelf het initiatief nam, is niet zeker. Mogelijk bouwde Dirk Loevestein in opdracht van de graaf van Holland. Zeker is dat Dirk Loef er een echt kasteel van maakte. Hij begon met een lage vierkante woontoren met muren van twee meter dik, een weergang en een muurtrap. Deze toren, de zogeheten Riddertoren, staat er nog steeds. Na 1360 bouwde Dirk tegen de westkant van deze toren een zaalgebouw van 11 bij 34 meter en voegde hij er een tweede vierkante toren aan toe: de Keukentoren. Dirk en zijn familie namen hun intrek in de zaal. Toen Dirk in 1373 gevangengenomen werd bij Tiel tijdens de Gelderse successieoorlog, viel het slot in handen van de Hollandse graaf.

De graaf breidde het kasteel verder uit. De Riddertoren werd tweemaal verhoogd, er kwam een poorttoren bij en ook het zaalgebouw kreeg er een verdieping bij. Sporen van de oorspronkelijke kantelen van de Riddertoren zijn nog steeds te zien in het muurwerk. In deze toren bevindt zich de ridderkamer, waar de kastelein zijn zaken afhandelde.

De hoge zaal van Slot Loevestein

Ongenaakbaar Loevestein

Een verdieping hoger in het zaalgebouw is de zogenaamde kemenade te vinden. Hier staat voor de haard nog een prachtige heen-en-weer-bank. Verder heeft het slot een hoge zaal, die een meer representatieve bestemming had. De vertrekken werden verfraaid met wandkleden en muurschilderingen, waarvan er in de hoge zaal nog steeds een te zien is. Ook de kemenade heeft een middeleeuwse muurschildering.
Op de voorburcht lagen een brouwerij en een kasteelboerderij: geen overbodige luxe, aangezien het kasteel door hoogwater vaak onbereikbaar was.
Kasteleins in dienst van de graaf van Holland zorgden ervoor dat hoge gasten, zoals de gravin van Holland en de hertogin van Gelre, er konden verblijven. Toch was de woonfunctie van het kasteel ondergeschikt aan de militaire functie. Het kasteel was slecht bereikbaar en bepaald niet comfortabel. Het diende voornamelijk als garnizoen en daarom lagen er in bijna iedere beschikbare ruimte wapens en vaten met kruit, ook in de woonvertrekken.
Dat kwam goed van pas toen het slot in 1397 werd belegerd door Willem van Oostervant, de zoon van graaf Albrecht van Beieren. Hij deed dit om de toenmalige kastelein – die het een en ander op zijn kerfstok had – uit zijn functie te zetten. Deze kastelein gaf zich niet zomaar gewonnen en had zich in het slot verschanst. Tijdens de belegering, die twee weken duurde, sloegen de blijdestenen van Willem gaten in de voorburcht en verwoestten een van de torens. Uiteindelijk moest de kastelein zich overgeven.
Sinds de Tachtigjarige Oorlog heeft Loevestein vooral gefungeerd als gevangenis. De beroemdste gevangene van Loevestein was natuurlijk Hugo de Groot, die in 1621 per boekenkist ontsnapte aan zijn bewakers. Ook kreeg het een belangrijke rol als onderdeel van de Hollandse Waterlinie. Na restauratie in de 20e eeuw doet het dienst als kasteelmuseum.
www.slotloevestein.nl

HUWELIJKSPOLITIEK

Een wel heel aantrekkelijke manier om inkomsten en invloedssfeer te vergroten, was de huwelijkspolitiek. Getuige de huwelijken die de hertogen van Gelre en Brabant en de graven van Holland sloten, was de hoge adel hier zeer bedreven in. Vaak nog zeer jonge kinderen werden na langdurige onderhandelingen toegezegd aan kleuters van andere families. Ze

Vlooien vangen

Tegenwoordig kennen we eigenlijk alleen nog vlooien die op honden en katten zitten. In een middeleeuws kasteel zaten vlooien ook op mensen. En dat jeukte natuurlijk ontzettend. Stel je voor, je gaat lekker in je bed liggen en opeens voel je overal gekriebel. Niet fijn! In een Frans boek uit de 14e eeuw staat wat je moest doen om vlooien te vangen. Je kon ze met een kaars naar een broodplank lokken die je had ingesmeerd met lijm. Of je liet ze op een wit laken springen, dat je snel buiten ging uitkloppen. De allerbeste manier om van vlooien af te komen, klinkt moeders van nu bekend in de oren. Je deed de dekens en kleren waar vlooien in zaten, stijf opgevouwen in een dichte kist en je wachtte totdat alle vlooien dood waren doordat ze geen licht en lucht meer kregen. Zo kun je nu nog steeds afrekenen met hoofdluis in kleding en beddengoed.

LIEVER NAAR HET KLOOSTER

Adellijke kinderen mochten niet zelf beslissen met wie ze gingen trouwen. Toch kwam het wel voor dat ouders rekening hielden met de wensen van hun kinderen. Catharina en Griete van Naaldwijk waren de twee oudste dochters van een Hollandse edelman. Beide meisjes wilden graag in het klooster treden. Hun vader vond dat goed, maar de graaf van Holland was het er niet mee eens dat twee erfdochters zomaar van de huwelijksmarkt verdwenen. Hij gaf officieel toestemming om de jongste van de twee met geweld te schaken. Zo ver kwam het niet: beide zusters sloten zich aan bij het klooster in Diepenveen en waren daar veilig voor opdringerige vrijers.

mochten weliswaar nog niet trouwen, maar in de middeleeuwen gold een verloving als een onverbrekelijke band.

Als een uitgehuwelijkt kind voor het geplande huwelijk kwam te overlijden – de kindersterfte was hoog, ook bij de adel – dan schoof de familie vaak een volgend kind naar voren om de verloving over te nemen. Maar al te vaak nam de aanstaande schoonfamilie de bruid of bruidegom in spe al in huis om hem of haar goed voor te bereiden op het huwelijk. Zo woonde Jan I, zoon van Floris V en sinds zijn geboorte verloofde van prinses Elizabeth van Engeland, van jongs af aan het Engelse hof.

Officieel eiste de kerk dat voor een huwelijk de instemming van bruid en bruidegom nodig was, maar in de praktijk kwam daar niet veel van terecht. Adellijke kinderen hadden niets in te brengen. Hun ouders zochten hun huwelijkspartner uit en daar hadden ze zich maar bij neer te leggen. Een adellijk huwelijk was een zakelijk contract waarvan beide partijen zoveel mogelijk profijt wilden trekken. Liefde speelde geen rol en kon de onderhandelingen zelfs verstoren, was het idee.

Het kwam nogal eens voor dat meisjes werden geschaakt: soms met geweld, maar ook wel met hun eigen toestemming. Zo'n schaakpartij zorgde natuurlijk voor veel ophef. Vaak werd een meisje door haar familie teruggehaald, maar het gebeurde ook dat zo'n huwelijk achteraf toch werd goedgekeurd.

In de strak omschreven standenmaatschappij van de middeleeuwen was het de bedoeling dat je trouwde binnen je eigen stand. Edelen trouwden met edelen, boeren met boeren en horigen met horigen. Met de opkomst van de steden gold hetzelfde voor burgers.

Uiteraard was het handig om te trouwen met iemand die net iets hoger op de sociale ladder stond. Het verschil in stand werd dan vaak financieel gecompenseerd. Zo trouwden in de loop van de 14e eeuw verarmde edellieden graag met dochters van rijke burgers. Zo'n vrouw was weliswaar zijn mindere, maar bracht een mooie bruidsschat mee.

Leden van de lage adel probeerden natuurlijk huwelijksbanden aan te knopen met leden van de hoge adel; dit deed bijvoorbeeld Jan van Arkel, die in de 14e eeuw de dochter van graaf Ottto van Kleef huwde.

Op zijn beurt deed de hoge adel zijn best om huwelijksbanden aan te knopen met elkaar en met de Europese vorstenhuizen. Zo trouwde hertog Jan I van Brabant een Franse prinses. Hertog Jan II van Brabant, graaf Reinoud II van Gelre en graaf Jan I van Holland waren alle drie getrouwd met Engelse prinsessen. Een prins of prinses huwen betekende meer invloed, meer land en meer inkomsten.

Wie met wie mocht trouwen hing van een aantal zaken af. Het stel mocht geen familie van elkaar zijn en verder moest een brede kring van familieleden en vrienden toestemming geven voor het huwelijk. Zo was een huwelijk bijvoorbeeld verboden tussen een man en een vrouw die in de vierde graad familie van elkaar waren. Een gezamenlijke betovergrootouder maakte een huwelijk dus onmogelijk.

Dat was nog niet alles. Toen Gerard van Heemstede en Maria van Polanen huwelijksplannen hadden, wilde de priester geen toestemming geven omdat de moeder van Gerard aanwezig was geweest bij de doop van Maria en haar zelfs uit het doopvont had getild. Daarmee was deze moeder een soort familielid geworden en dus ging het huwelijk niet door. Nu kon de paus in dit soort gevallen wel dispensatie geven – en dat deed hij ook geregeld – maar duidelijk is dat het sluiten van een huwelijk nog niet zo eenvoudig was.

Verwantschap was overigens ook een handig argument om van je vrouw af te komen. Als een vrouw almaar geen kinderen produceerde of als een edelman zijn oog had laten vallen op een andere vrouw, kon hij op grond van dit soort regels het huwelijk laten ontbinden.

Bij een huwelijk hoorden uitgebreide financiële afspraken. De families legden nauwkeurig vast hoe groot de bruidsschat zou zijn, welke morgengave – gift na de bruidsnacht – de bruidegom zijn vrouw zou geven, en welk deel de bruid zou behouden na het overlijden van haar man. Als weduwe moest ze terug kunnen vallen op het zogenaamde weduwegoed: goederen of geld waarvan de weduwe na de dood van haar man moest kunnen leven. Ook werd vastgelegd dat de bruid na haar huwelijk geen aanspraak meer kon maken op de erfenis van haar ouders. Rijke weduwen waren vaak gewilde huwelijkspartners. In Engeland moesten weduwen zelfs een boete betalen aan de koning als ze weigerden opnieuw te trouwen.

JACHT Net als nu mochten mensen niet zomaar op wild jagen. Tegenwoordig hebben mensen een jachtvergunning nodig, destijds was de jacht een privilege van de adel dat werd verleend door de leenheer. Gewone mensen mochten er geen gebruik van maken. Deden ze dat toch, dan waren ze stropers en op stropen stonden zeer strenge straffen.

Kasteelheren organiseerden graag grote jachtpartijen waarbij ze te paard de vrije natuur in trokken. Voor het jagen op vogels en klein wild hadden ze roofvogels bij zich, zoals sperwers en valken. Vrouwen droegen vaak kleine valkjes op hun pols. Jachthonden haalden het neergehaalde wild op en werden ook gebruikt om groter wild op te jagen, zoals herten en wilde zwijnen.

De opbrengst van de jachtpartij werd vaak in de kelder van het kasteel opgehangen om te besterven. Vervolgens werd het vlees bereid of ingepekeld voor een later moment. Wildbraad was immers een geliefd onderdeel van de uitgebreide banketten waar de adel van genoot. Maar jacht was niet alleen bedoeld om eten op tafel te brengen. Het was vooral een sport die hoorde bij een adellijke levenswijze. Ook was het voor ridders een manier om te trainen voor toernooien en gevechten.
De 'heerlijke' jachtrechten van de adel werden pas in 1923 afgeschaft.

Kasteel Doorwerth

Wie geïnteresseerd is in de jacht door de eeuwen heen, doet er goed aan kasteel Doorwerth te bezoeken. In dit kasteel is namelijk onder meer het Nederlands Jachtmuseum gevestigd. Maar bovenal is Doorwerth een prachtig middeleeuws kasteel, gelegen in de uiterwaarden van de Nederrijn. Wie het kasteel voor het eerst ziet, kan bijna niet geloven dat het sinds de middeleeuwen vele gedaantewisselingen heeft ondergaan en in 1944 zelfs geheel werd verwoest.

De eerste burcht werd in de 13e eeuw gebouwd door Berend van Dorenweerd. Deze burcht ging in 1260 in vlammen op na een belegering door Sweder van Vianen, de maarschalk van de bisschop van Utrecht, op verzoek van de graaf van Gelre. Zo wilden de graaf en de bisschop verhinderen dat Berend aan illegale tolheffing deed op de Rijn. Hendric van Dorenweerd bouwde een nieuw kasteel en een voorburcht, die in 1280 bij een volgende belegering werd verwoest.
Waarschijnlijk bestond het eerste stenen kasteel uit een vrijstaande zaal van twee verdiepingen omringd door water. De verdiepingen waren bereikbaar via trappen in de muur. In de 14e eeuw bouwden de heren van Dorenweerd hun kasteel verder uit met een poorttoren. In 1402 droeg Robert, de zesde heer van Dorenweerd, zijn kasteel op aan hertog Reinoud IV van Gelre waarna hij het in leen terugkreeg. Van de bisschop van Utrecht had hij toestemming om de mis in het kasteel op te laten dragen op een draagbaar altaar. Later liet Agnes, de jongste dochter van Robert, een kapel bouwen in de buurt van het kasteel.
In de jaren die volgden groeide het kasteel ver-

Kasteel Doorwerth

Kinderen in het kasteel

Hoe zag het leven van een kind in een middeleeuws kasteel eruit? Mocht je de hele dag verstoppertje spelen tussen de kantelen of moest je juist heel hard werken?

Mensen kregen in de middeleeuwen veel kinderen, maar die werden lang niet allemaal volwassen. Veel kinderen gingen als baby dood of werden niet ouder dan een jaar of zeven. Ze kregen ziektes waar kinderen tegenwoordig tegen worden ingeënt.

Totdat ze een jaar of zes, zeven waren, mochten kinderen gewoon lekker spelen met poppen en soldaatjes, deden ze spelletjes en hadden ze tollen en schommels. Maar na hun zevende werd het menens. Dan begon het echte leven.

Jongens werden vaak page in een ander kasteel. Daar leerden ze hoe je eerst schildknaap en later ridder werd. Meisjes bleven ook niet altijd bij hun ouders. Als een meisje al heel jong verloofd was met een jongen van een ander kasteel, ging ze alvast bij haar aanstaande schoonfamilie wonen. Dan kon ze meteen goed worden opgevoed.

Van hun moeder of schoonmoeder leerden meisjes hoe je een goede kasteelvrouw werd. Hoe ze het huishouden van een kasteel moesten leiden en met hun bedienden moesten omgaan. Maar ook wat ze moesten doen als de kasteelheer van huis was.

In de middeleeuwen maakten de mensen hun eigen kleren. Dus moesten meisjes ook leren naaien, spinnen, weven en borduren. Verder leerden ze een en ander over het verlenen van eerste hulp, een beetje astrologie en muziek.

Scholen bestonden nog niet, dus kregen adellijke kinderen thuis les. Een priester leerde hun een beetje lezen en schrijven en daar bleef het meestal bij.

Niet alle kinderen van het kasteel konden ridder of kasteelvrouw worden. De oudste broer erfde het kasteel, dus moest er voor zijn jongere broers iets anders worden bedacht. Bijvoorbeeld trouwen met een meisje van een ander kasteel dat geen broers had. Dan konden ze samen het kasteel van haar ouders krijgen. Jongere broers werden ook nogal eens naar het klooster gestuurd om monnik te worden.

Voor hun oudste dochter zochten de ouders een goede man. Die kreeg dan een flinke bruidsschat mee. Als er meerdere meisjes waren, werd dat een dure zaak. Daarom gingen de jongere meisjes, net als hun jongere broers, vaak naar het klooster.

Kasteel Doorwerth

der totdat het rond 1560 zijn grootste vorm had bereikt. Daem Schellart van Obbendorf, de vijftiende heer van Dorenweerd, zorgde ervoor dat alle gebouwen die in de loop van de eeuwen waren bijgebouwd een eenheid werden. Het hele complex werd voorzien van kruisvensters, wat de bewoonbaarheid absoluut ten goede kwam. Na afloop van deze bouwperiode leek het kasteel veel op het huidige complex, op een hoekwoning na, die enige tijd later werd bijgebouwd op de noordwesthoek.

Lange tijd veranderde het uiterlijk van het kasteel nauwelijks. In 1739 kwam het in bezit van Willem Bentinck. Hij was getrouwd met Charlotte Sophie Van Aldenburg Bentinck, beter bekend als mevrouw Bentinck in het boek van Hella Haase. Na zijn dood werd zij vrouwe van Doorwerth. In de 19e eeuw kocht baron van Brakell tot Wadenoijen het inmiddels vervallen kasteel. Hij moderniseerde het en ging er met zijn negen kinderen wonen.

Aan het begin van de 20e eeuw werd het kasteel grotendeels gerestaureerd door de 'Vereniging de Doorwerth', waarbij de moderniseringen van baron van Brakell weer ongedaan werden gemaakt. Het kasteel stond er prima bij, maar niet voor lang: tegen het einde van de Tweede Wereldoorlog werd het bijna volledig verwoest. Het duurde 37 jaar voordat het kasteel helemaal was herbouwd. In 1986 was het zo ver en kon prinses Juliana het officieel openen. Kasteel Doorwerth wordt tegenwoordig beheerd door 'Geldersch Landschap en Geldersche Kasteelen'.

www.mooigelderland.nl

7 | Van burcht naar buitenhuis of ruïne

Kastelen na de middeleeuwen

Na de uitvinding van het buskruit en met het gebruik van nieuwe vuurwapens kregen de kastelen geleidelijk aan een andere functie. Sommige veranderden in een riant woonhuis, andere werden als fort gebruikt.

Foto linkerpagina:
Kasteel de Haar

In Nederland tooien talloze bouwwerken zich met de naam 'kasteel' of 'slot'. Het Gelderse Biljoen en Vorden bijvoorbeeld, of Twickel en Weldam in Overijssel. Stuk voor stuk fraaie kastelen, maar ze hebben weinig (meer) te maken met het middeleeuwse kasteel met zijn dikke muren, zijn kantelen en schietgaten. In de middeleeuwen bouwde men kastelen immers voor zowel bewoning als verdediging. Kastelen met dunne muren horen dus niet tot de echt middeleeuwse kastelen.

Toch worden bovengenoemde kastelen vaak al wel genoemd in de middeleeuwen. Dat geldt evenzeer voor een heleboel andere kastelen in Nederland. Hun naam en faam gaan misschien terug naar de middeleeuwen, maar ze ogen als 16e, 17e, of zelfs 18e-eeuwse bouwwerken. Dat komt doordat ze na de middeleeuwen geheel verbouwd zijn en aangepast aan de nieuwe eisen van bewoonbaarheid. Van het oorspronkelijke karakter is dan weinig tot niets meer over.

Slot Moermond

Neem nou het Zeeuwse Slot Moermond bij Renesse. Zoals het er nu staat, oogt – en is – het 16e-eeuws en later. Toch was er al in 1244 sprake van een 'Huis bij Rietnesse'. Dat was het eerste kasteel dat op deze plek aan de 'monding van het moeras' (Moermond) werd opgericht. In dat jaar logeerde de jonge graaf Willem II van Holland er.

Vijftig jaar later, graaf Floris V was net vermoord (zie blz. 33), dongen de Zeeuwse edelen naar de gunst van de nieuwe graaf, de jonge Jan I. Om in een goed blaadje bij de graaf te komen, beschuldigde een van die grafelijke leenmannen Jan van Renesse van slot Moermond van verraad. Het werkte en in 1297 werd Moermond belegerd. De vijand hongerde de verdedigers van Moermond uit en maakte het kasteel daarna met de grond gelijk.

Niet getreurd, men begon in de 14e eeuw gewoon aan een tweede kasteel, waarschijnlijk een woontoren. Bouwheer was de zoon van Witte van Haamstede. Witte, een bastaardzoon van Floris V, had Moermond namelijk van de graaf van Holland in leen gekregen. Maar

ook dit kasteel viel ten prooi aan verwoesting. De restanten ervan zijn nog zichtbaar bij de gracht, ten zuiden van het huidige kasteel.

Het enige wat rest van dit door Witte gebouwde kasteel is het poortgebouw, dat in 1513 werd opgenomen in het huidige slot, Moermond nummer 3. Het verrees even ten noorden van het tweede kasteel. In dit oude poortgebouw is nog een weergang zichtbaar. Maar afgezien van dit middeleeuwse element is het kasteel bepaald niet gericht op verdediging. In die tijd vond men comfortabele woonruimtes belangrijker. Na 1513 heeft het kasteel nog diverse ver- en aanbouwingen ondergaan.

www.slot-moermond.nl

Foto boven:
Slot Moermond

Foto onder:
Restanten van het tweede Slot Moermond

BUSKRUIT

Meer comfort dus en minder verdediging. Maar waar kwam die ontwikkeling vandaan? Daarvan kunnen we de uitvinder van het buskruit mede de schuld geven. In China was dit

explosieve goedje al langer bekend en via de handel bereikte het uiteindelijk ook Europa. Daar experimenteerde midden 14e eeuw een Duitse monnik met het mengsel van salpeter, zwavel en koolstof. Met succes, al blies hij wel een deel van zijn eigen klooster op.

De krijgsheren die op dat moment de kruisboog als het krachtigste wapen beschouwden, zagen wel mogelijkheden in buskruit: de komst van kanon en geweer waren een feit en de gevolgen waren enorm.

De nieuwe vuurwapens waren namelijk niet alleen veel krachtiger, ze hadden ook een groter bereik. Met gemak schoten de nieuwe kanonnen een kasteelmuur aan flarden, en dat ook nog van grote afstand. Boogschutters in en op de kasteelmuren stonden machteloos, omdat hun pijlen de vijand niet meer bereikten – die stond immers veel verder weg opgesteld dan voorheen. De bepantsering was evenmin opgewassen tegen de nieuwe, krachtige wapens.

De kastelenbouwers reageerden op deze nieuwigheid aanvankelijk met de bouw van zwaardere torens en dikkere muren. Echt helpen deed dat niet. Een alternatief was: verlaging van de muren, want juist de torens en de hoge muren werden als eerste kapot geschoten. Door lagere muren kon de verdediging zelf ook kanonnen gaan gebruiken. Die werden namelijk in de 15e eeuw zo klein en wendbaar, dat de kasteelverdedigers vanaf de lage kasteelmuren konden terugschieten.

Om de vijand op een veilige afstand te houden en zo te zorgen dat de projectielen de kasteelmuren niet eens konden bereiken, was een aarden wal rond het kasteel heel handig. Temeer daar die wal de kanonskogels 'opving'. De aanleg van een dubbele, zelfs driedubbele gracht met daartussen een aarden wal was een nog drastischer optie. Soms werden deze omwallingen versterkt met aarden bolwerken.

Maar al die verbouwingen en aanpassingen kon een eenvoudige kasteelheer niet meer opbrengen. Bovendien had je voor de nieuwe verdedigingswerken meer manschappen nodig, en dat kostte ook geld.

Als het echt had gemoeten, hadden de grotere kasteelheren hun kastelen nog wel kunnen aanpassen aan de nieuwe situatie. Maar er was meer aan de hand. Aan het einde van de middeleeuwen veranderde de samenleving namelijk. De versnipperde macht kwam geleidelijk aan in één hand: als laatste gewest kwam Gelre in 1543 bij de Bourgondische Nederlanden.

Tegelijkertijd werden de steden machtiger en namen zij de functie van bestuurlijke centra over van de kastelen. Door de machtsconcentratie werden oorlogen vanaf de 16e eeuw op veel grotere schaal uitgevochten en ging de beschermende functie van het kasteel verloren.

Kasteel Duurstede

Niet iedere kasteelheer legde het hoofd in de schoot na de komst van kanonnen en vuurwapens. De machtige landsheren probeerden te redden wat er te redden viel en verstevigden de muren en torens in een ultieme poging om het kasteel verdedigbaar te houden. Dat gebeurde bijvoorbeeld op Duurstede, waar vanaf 1459 de bisschop van Utrecht, David van Bourgondië, resideerde.

Rond 1300 stond hier op een eilandje in het moeras al een woontoren. Die werd daarna enigszins uitgebreid, maar het was David die rond de oudste gebouwen een representatief, vierkant kasteel met vier hoektorens liet neer-

Kasteel Duurstede

zetten. Daarvan is alleen de enorme toren over, die nu de Bourgondische toren wordt genoemd.

Deze 41 meter hoge en stevige toren met muren van ruim vier meter dik was Davids reactie op de moderne kanonnen. In de weergang liet hij mezekouwen verwerken. Maar ondanks de militaire macht die de toren uitstraalde, was kasteel Duurstede in feite vooral een residentieel kasteel. Bisschop David werkte op de bovenste verdieping van de Bourgondische toren, en sliep een verdieping lager. Statige trappen verbonden de vertrekken en op elke verdieping waren indrukwekkende schouwen te vinden. Het hele kasteel bevatte in Davids tijd 75 kamers en een kapel. Van die laatste ruimte zijn de contouren nog zichtbaar aan de buitenmuur van de middeleeuwse woontoren.

De zaal van deze woontoren had oorspronkelijk heel weinig licht, maar wel een schouw, een broodoven, een gemak en een waterput. Later zijn de binnenruimtes verbouwd, maar de toren staat er nog, evenals de Bourgondische toren, plus wat muurwerk. Hoewel er veel verdwenen is, kun je je goed voorstellen hoe de bisschop hier met veel pracht en praal hof hield en er luisterrijke feesten organiseerde.

Er was ook een voorburcht, waar een deel van het aanzienlijke bisschoppelijke personeel woonde. Verder bevonden zich daar het koetshuis en diverse werkplaatsen.

Na drie generaties bisschoppen – onder wie Davids halfbroer Philips, beiden waren bastaardzonen van Philips de Goede – werden eind 16e eeuw de Staten van Utrecht eigenaar van Duurstede. Geld voor onderhoud was er niet. Het kasteel werd ook niet meer bewoond en zo raakte het langzaam in verval.

Een eeuw later braken de bewoners van Wijk bij Duurstede het kasteel af. De stenen gebruikten ze voor de herbouw van hun stad, die de Fransen hadden verwoest. Zo bleef er weinig over van dit enorme kasteel, dat nota bene nooit belegerd was.

Bijzonder is dat je in dit kasteel ook voor de kerk kunt trouwen. Door het bisschoppelijke eigendom aan het einde van de middeleeuwen, is er bij Duurstede nog steeds sprake van gewijde grond.

www.kasteelduurstede.nl

FORT OF LANDHUIS

Na de introductie van diverse vuurwapens behielden slechts een paar kastelen hun defensieve functie, al verloren ze daarbij definitief hun woonfunctie. Het middeleeuwse kasteel was in zo'n geval een fort geworden. Als er al mensen op een dergelijk defensief kasteel woonden, waren dat de mannen van het garnizoen. Zo werd het Muiderslot – altijd al een kasteel met een strategische functie – vanaf 1477 ingezet bij de verdediging van Amsterdam en kreeg het in de 16e eeuw omwallingen, die er nu nog liggen. Slot Loevestein veranderde na 1575 in een 'modern' fort met diverse grachten, omwallingen en bastions. De puur militaire functie van dit kasteel blijkt ook uit de permanente aanwezigheid van militaire commandanten sinds 1635. Beide kastelen maakten uiteindelijk deel uit van de Oude en later de Nieuwe Hollandse Waterlinie. Ook Duurstede kreeg een aarden omwalling en bastions.

Het 15e-eeuwse coulissenkasteel Croy

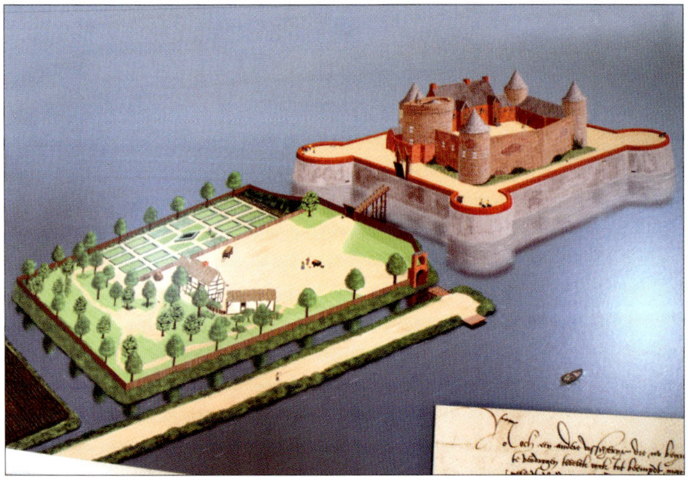

Kasteel Montfort werd rond 1535 een echte vesting

Het Limburgse kasteel Montfort probeerde zich rond 1535 eveneens aan te passen aan de nieuwe tijden door een uitbreiding met vestingwerken. Zonder succes overigens. Want zo'n acht jaar later lagen de vestingwerken en het kasteel in puin. Niet als gevolg van oorlogsgeweld van keizer Karel V, maar door bemoeienis van de buren. De Gelderse soldaten in de naburige vestingstad Roermond waren zo bang dat het kasteel in handen van Karel V zou vallen, dat ze het zelf maar hebben verwoest. Ze waren wel zo slim om eerst alle kanonnen en ander wapentuig mee naar Roermond te nemen.

In het noorden trachtte men rond 1532 op de Borg te Wedde het kanonnengeweld te keren met de bouw van een nieuwe ringmuur met bastions. De stenen voor deze ringmuur zouden afkomstig zijn van de kerk van Vlagtwedde, die speciaal voor de gelegenheid werd afgebroken.

Deze latere verstevigingen zijn echter uitzonderingen. Vanaf eind 15e eeuw verloren de meeste kastelen hun verdedigingsfunctie. Wooncomfort werd belangrijker en dat was te merken bij de ver- en nieuwbouw van kastelen. Meer en meer werden de kastelen gebruikt als residentie en landhuis.

Dit betekent dat er na de middeleeuwen wel nieuwe kastelen werden gebouwd, maar puur voor de status. Ook werden diverse kastelen her- en verbouwd. Daarbij was verdediging geen criterium meer, maar wel de aanwezigheid van aangename en vooral ook meer

De torens in het poortgebouw van het 15e-eeuwse kasteel Maurick hebben slechts een symbolische functie

Ook kasteel Hoensbroek werd in de loop der eeuwen diverse malen verbouwd

woonvertrekken. Een chique uitstraling werd belangrijk. Toch hield men de schijn van verdediging op en bleven ondanks nieuw- of verbouw de torens bestaan; ze hadden alleen geen functie meer. Zelfs kantelen werden op de 'nieuwe' kastelen aangebracht, puur voor de sier. De kantelen van slot Haamstede bijvoorbeeld zijn daar in 1610 aangebracht. Ook de gracht en de ophaalbrug bleven vaak behouden. Er verrezen zelfs complete 'coulissenkastelen': uiterlijk leken de imposante bouwwerken op onneembare burchten, maar de muren stelden niets voor en bij de eerste de beste aanval zouden ze al zijn ingestort. Kasteel Assumburg bij Beverwijk is een voorbeeld van een dergelijk 'kasteel'. Ook de Brabantse kastelen Maurick en Croy uit de 15e eeuw vallen onder de categorie coulissenkasteel. De torens in het poortgebouw van Maurick bijvoorbeeld hebben uitsluitend een symbolische functie.

Borg Verhildersum

Aan deze Groningse borg is in de loop der eeuwen zoveel verbouwd, dat je amper kunt geloven dat op deze plek in de middeleeuwen al een (langgerekt) steenhuis stond, een stenen, versterkte woning. Maar wie een kijkje neemt in de kruipruimtes onder de 19e-eeuws ingerichte vertrekken, komt daar stukken muur tegen die ontegenzeggelijk middeleeuws zijn. Sommige muurresten zijn nog opgebouwd uit graszoden en turf, er liggen oude kloostermoppen die in de vorm van een Romaanse boog zijn gehakt, en scherven van stenen dakpannen wijzen in de richting van een middeleeuwse dakbedekking. Van een brok natuursteen in de kelder vermoedt men dat het oorspronkelijk een zerk was, die de bouwers van weleer hebben hergebruikt als dorpel.

Uit welke eeuw het middeleeuwse steenhuis dateert, is niet zeker. Wel wordt in 1398 voor het eerst de naam Verhildersum genoemd. Toen woonde er ene Aylko Ferhildema, die de borg in leen opdroeg aan de graaf van Holland. Dat was tegen het zere been van de stad Groningen, die de alleenheerschappij wilde in de Ommelanden – zoals de streek rond de huidige provinciehoofdstad wordt genoemd. Daarom verwoestte de stad in 1400 Verhildersum, en deed dat in 1514 nog een keer. Inclusief de opstallen zoals het brouwhuis, de stallen en de brug.

Schietsleuf 'voor de sier' in de kelder van Verhildersum

Het 17e-eeuwse Verhildersum

Het middeleeuwse steenhuis had ongetwijfeld defensieve elementen, zoals de gracht, die er nu nog ligt. Maar die is – afgezien van de bouwrestanten in de kelder – dan ook het enige wat nog herinnert aan de middeleeuwen. Want de spleetramen uit de onderkeldering zijn al van de her- en verbouw die na 1514 plaatsvond. Ze ogen als schietgaten, maar of ze ooit als zodanig dienst hebben gedaan is twijfelachtig. Ze bevinden zich voornamelijk in de kruipruimte, en een schutter kon daar dus niet echt manoeuvreren. In dat geval zijn ze nep. Niet verbazingwekkend, want de zestiende eeuw was de tijd dat de adel aan kastelen graag een middeleeuws, weerbaar uiterlijk gaf. Dat was je aan je stand verplicht.

Na 1514 werd het steenhuis eerst vergroot tot ongeveer de huidige afmetingen, waarna er bij latere verbouwingen diverse vleugels werden aangebouwd, tot het begin 17e eeuw een vierkant 'kasteel' was, compleet met binnenhof en poorttoren. Enkele decennia later werden er twee vleugels afgebroken, zodat er een L-vormig huis overbleef, geheel naar de mode van die tijd.

Borg Verhildersum nu, met symmetrische voorgevel

Toen het de Groningse landadel in de 18e eeuw minder voor de wind ging en onderhoud van het enorme pand wat begrotelijk werd, verdween ook de laatste vleugel. De oude borg kreeg een nieuwe symmetrische voorgevel, die in niets meer doet denken aan het middeleeuwse steenhuis. Tenzij je in de kruipruimtes kijkt.
www.verhildersum.nl

HERBOUW

Het is eigenlijk een wonder dat er tegenwoordig nog zoveel kastelen staan. In de loop der eeuwen zijn ze beschoten met pijlen en blijdes,

Het huidige Slot Moermond is van 1513 en niet meer gericht op verdediging

hebben ze kanonnenvuur over zich heen gekregen, raakten ze verwaarloosd en vervallen door gebrek aan geld voor onderhoud, of werden ze het slachtoffer van de bouwdriften van hun eigenaar. Telkens weer werden er muren hersteld, torens toegevoegd of zalen afgebroken. Tijdens de Tachtigjarige Oorlog (1568-1648) werd menig kasteel verwoest, maar al tijdens het twaalfjarig bestand (1609-1621) sloegen de kasteelheren aan het herbouwen. Ondanks de nieuwe hang naar comfort en status grepen ze daarbij toch dikwijls terug op de vertrouwde, middeleeuwse kenmerken. Zo werd op Slot Moermond (zie blz. 109) nog in 1612 een achtkantige toren toegevoegd. Puur voor de show. Zelfs als men bij herbouw de middeleeuwse elementen grotendeels wegliet, bleef de hang naar het verleden bestaan. Zo werd het middeleeuwse Huis Almelo in de 17e eeuw geheel afgebroken en opnieuw opgebouwd. Toch vond de kasteelheer het nodig om op een gedenkbord aan te geven dat hij het 'voorvaderlijk kasteel' had gerenoveerd. Om de middeleeuwse herkomst van Huis Almelo nog verder te benadrukken liet hij op dit bord tevens weten dat het kasteel een toevluchtsoord voor buurtbewoners zou zijn. Net als in de middeleeuwen.

Bij alle verbouwingen liet men de middeleeuwse donjon van Rosendael staan

De voorkeur voor de typische kasteelelementen zoals een toren, gracht en ophaalbrug bleef ook in de 18e eeuw bestaan. Zelfs bij een totale kasteelrenovatie hield men vast aan de middeleeuwse toren. Dat was bijvoorbeeld het geval bij kasteel Rosendael. Toen dit 14e-eeuwse kasteel begin 18e eeuw voor de tweede keer een geheel nieuw uiterlijk kreeg met een timpaan op de voorgevel, liet men de typisch middeleeuwse donjon staan (zie blz. 25).
In de tweede helft van de 19e eeuw werd de kijk op de middeleeuwen steeds romantischer. De strakke vormen van het 18e-eeuwse classicisme hadden afgedaan en men begon terug te grijpen op de middeleeuwse gotiek. Deze stijl was toen vooral te vinden in de kerkenbouw,

Het 17e-eeuwse Huis Almelo

maar in de 19e eeuw paste men de neogotiek ook rustig toe bij de her- en verbouw van kastelen, of ze ooit in gotische stijl waren gebouwd of niet.

Kasteel de Haar

Het bekendste voorbeeld van een 19e-eeuws, neogotisch kasteel is het Utrechtse kasteel de Haar. Romantischer dan dit sprookjeskasteel bij uitstek kan haast niet. Sommige bezoekers zullen denken dat dit een echt middeleeuws kasteel is, maar het is in feite een reconstructie van de 16e-eeuwse versie van De Haar. Daarbij keken architect en eigenaar door een 19e-eeuwse bril naar dit van oorsprong wél middeleeuwse kasteel.

Uit onderzoek is gebleken dat op deze plek rond 1280 al een kasteel stond. Hoe het eruitzag is onbekend. Was het een woontoren? Of had het kasteel toen al de vijfhoekige plattegrond die het in elk geval in de 15e eeuw had – en nu nog heeft? De bezitter was een ministeriaal, een onvrij man in dienst van een machthebber, in dit geval de bisschop van Utrecht. Door het huwelijk van een vrouwelijke nazaat met Dirk van Zuylen kwam het kasteel in de 15e eeuw in handen van de Van Zuylens. Na de verwoesting in 1482 lieten zij De Haar begin 16e eeuw weer opbouwen.

Toen baron Etienne van Zuylen van Nijevelt in 1890 De Haar erfde, was het echter al weer een paar eeuwen een ruïne. Dat zou het ongetwijfeld gebleven zijn, ware het niet dat deze Etienne de puissant rijke bankiersdochter Hélène de Rothschild trouwde. Met haar geld en zijn enthousiasme kon De Haar weer in oude glorie worden hersteld. Althans in de ge-

Toren van kasteel de Haar

idealiseerde glorie die de baron voor ogen stond. Daarbij vond hij architect Pierre Cuypers – meestal – aan zijn zijde.

Twintig jaar lang werden kosten noch moeite gespaard voor de wederopbouw van De Haar op de plek waar eind 13e eeuw al een kasteel stond. Voor de maten van het kasteel heeft Cuypers echter naar het 16e-eeuwse vijfhoekige kasteel gekeken, terwijl de inrichting puur 19e-eeuws is. De vertrekken zijn voornamelijk gevuld met kunstvoorwerpen die baron Etienne en barones Hélène speciaal voor De Haar hebben verzameld. Ook de lift, warm en koud stromend water en de elektrische verlichting zijn 19e-eeuws. Het 'nieuwe' kasteel werd namelijk gebouwd als een zeer luxueus buitenhuis.

Ook in de 16e-eeuwse versie – die van na de verwoesting van 1482 – was De Haar al een 'woonkasteel', dat vermoedelijk 35 schouwen telde. De fraaie transen en houten weergangen zijn nu puur decoratief, maar dat waren ze in die tijd natuurlijk ook al. Het vuurgeschut had immers zijn intrede gedaan en dit soort verdedigingselementen overbodig gemaakt.

Hoewel Cuypers de oude plattegronden en tekeningen grondig heeft bestudeerd, bedacht hij hier en daar ook zijn eigen creaties. De ingang van het kasteel stond hem bijvoorbeeld niet aan. Die heeft hij verplaatst, waarvoor hij en passant een nieuwe toren bouwde.

Knopen uit het oosten

In de middeleeuwen waren knopen of ritssluitingen in Europa nog niet uitgevonden. In plaats daarvan gebruikten de mensen linten, spelden, gespen, veters of broches om hun kleren dicht te knopen. Tijdens de kruistochten zagen ridders hoe de Turken en Mongolen in het Heilige Land hun kleren dichtmaakten met knopen en knoopsgaten. Een heel goed idee, vonden ze dat en ze namen de knopen mee naar huis om ze te laten namaken.

Evenmin oorspronkelijk is de binnenplaats die hij tot *Hall* transformeerde. Cuypers bouwde de open zijde ervan dicht en overkapte de zo ontstane ruimte met een ijzeren boogconstructie. Wie deze Hall betreedt en het licht door de vele glas-in-loodramen naar binnen ziet stromen, waant zich in een kerk in plaats van in een middeleeuws kasteel. In één oogopslag is duidelijk dat Cuypers talloze neogotische kerken heeft ontworpen.

Op de galerij staan beelden van reizende musici. Opvallend detail zijn de gelaatstrekken van

Kasteel de Haar nog als ruïne

PIERRE CUYPERS

Architect Pierre Cuypers (1827-1921) heeft in zijn leven talloze kerken en kloosters ontworpen dan wel gerestaureerd. Bekend is hij vooral door het Centraal Station en het Rijksmuseum, beide in Amsterdam. Daarnaast heeft hij ook adviezen gegeven bij de restauratie van enkele kastelen: het Muiderslot, Kasteel Radboud, de Burcht van Leiden, de Limburgse kastelen Schaloen en Borgharen, Huis Zypendaal in Arnhem en natuurlijk bij De Haar.
Zijn zoon Joseph was eveneens architect en voor de herbouw van De Haar hebben vader en zoon samengewerkt. Joseph heeft in het begin van de 20e eeuw ook geadviseerd bij de restauratie van kasteel Doorwerth.

de dirigent. Die lijken namelijk wel heel erg op die van Pierre Cuypers.
www.kasteeldehaar.nl

Kasteelmuseum Sypesteyn

Niet zo bekend als kasteel de Haar, maar net zo 'nieuw' is kasteel Sypesteyn. Is De Haar nog gebouwd op de fundamenten van een 14e-eeuws kasteel, Sypesteyn heeft waarschijnlijk niet eens een middeleeuwse voorganger. De Haagse jonkheer Henri Ascanius van Sypesteyn liet begin 20e eeuw op deze plek in Nieuw-Loosdrecht een kasteel bouwen, omdat hij meende dat hier ooit een voorvaderlijk, middeleeuws kasteel had gestaan.
De Van Sypesteyns waren vanaf de 16e eeuw een belangrijke en rijke familie. In de 17e eeuw kocht ene Cornelis Ascanius van Sypesteyn de ruïne van een 'huis', dat hij vervolgens liet opknappen. Hoe dit huis of kasteel er precies uitzag, is niet bekend. Het brandde een paar jaar later af en de enige afbeelding van 'een' kasteel Sypesteyn stamt uit de 18e eeuw. Waarschijnlijk is dat een fantasietekening gebaseerd op een ander kasteel.
Maar Van Sypesteyns belangstelling was gewekt. De jonkheer was enig kind, ongetrouwd en kinderloos. Met hem zou de familie dus uitsterven. Toch wilde hij de familiegeschiedenis bewaren. Een herbouwd middeleeuws 'familiekasteel' leek hem een ideaal onderdak voor de vele familieportretten en andere collecties die hij in de loop van zijn leven bijeen had gebracht.
Ongetwijfeld had hij in zijn ouderlijk huis vaak naar de 18e-eeuwse afbeelding van het vermeende kasteel Sypesteyn gekeken. Dat was het familieslot, moet hij gedacht hebben. Hij sloeg aan het graven en vond inderdaad fundamenten. Dat die, zoals nu wordt verondersteld, 16e-eeuws zijn, en waarschijnlijk van een boerderij en niet van een middeleeuws kasteel, wist hij niet. Voor hem telde dat de Van Sypesteyns weer een kasteel kregen.
De eerste architect die hij in de arm nam, ontwierp een 'suikertaart'. Dat zag de jonkheer niet zitten, hij wilde een echt middeleeuwse, stoere burcht. Dus is hij verder zelf maar aan de slag gegaan met een lokale timmerman. Daarbij werden zo veel mogelijk oude bouwfragmenten gebruikt. Stenen van de oude kastelen Vredenburg en Abcoude, een statige trap uit het Haagse logement van de afgevaardigden uit Hoorn en Enkhuizen, oude deuren, antiek sluitwerk etc.
De jonkheer heeft het kasteel van meet af aan als kasteelmuseum gebouwd. Dat hij er later ook

Foto boven: *De tuin van Sypesteyn, met op de achtergrond het kasteel*

Het grootste kasteel van Nederland

Het allergrootste kasteel van Nederland stond in de Zeeuwse vestingstad Sluis. Dit kasteel was 86 bij 80 meter groot (inclusief grachten) en het had zestien torens. De muren van dit kasteel waren meer dan 3,5 meter dik. Dit kasteel leek veel op de kastelen in Frankrijk en het was dan ook gebouwd door een Franse hertog met de mooie naam Philips de Stoute. Stout betekende in die tijd dapper. Hij bouwde het niet om in te wonen, maar om de havens van Sluis en Brugge te beschermen.
Van dit enorme kasteel uit 1385 is helemaal niets meer over. Eerst werd het in de 18e eeuw vernield en daarna werd het in 1820 helemaal afgebroken. De stenen werden verkocht op een veiling. Als je nu naar de plaats gaat waar dit kasteel heeft gestaan, zie je alleen nog een kleine verhoging in het vlakke land.

in is gaan wonen, is uit nood geboren, het geld was op. Tegenwoordig, de jonkheer overleed in 1937, is het weer uitsluitend kasteelmuseum.
Een wandeling door de fraai ingerichte vertrekken is zeer de moeite waard. De verzamelwoede van de jonkheer levert kamers op vol Loosdrechts porselein, Chinees porselein, Delfts Blauw, wapens, glas en uurwerken. Eén vertrek is geheel gewijd aan de gebroeders Jan en Cornelis de Witt, aangetrouwde familie van de Van Sypesteyns.
Ook al weet je dat Sypesteyn een absoluut nepkasteel is, het heeft wel iets, al die oude bouwelementen die de jonkheer met liefde en geduld tot één geheel heeft gesmeed.
www.sypesteyn.nl

MODERNE KASTEELRUÏNE

Wie denkt dat de nuchtere twintigste-eeuwers hebben afgedaan met de 'romantische' middeleeuwen, komt bedrogen uit. Nog in 1999 besloot men tot de bouw van een heus kasteel in de polder van Flevoland. Het ontwerp – een vierkante burcht met torens op de hoeken en een forse hoofdtoren van 60 meter hoogte – is gebaseerd op het middeleeuwse Château Jemeppe in de Belgische Ardennen.
In 2000 ging de eerste paal de grond in voor dit gebouw met een middeleeuws uiterlijk, maar zonder de functies van een 'echt' kasteel: verdediging en bewoning. Tenzij je de toekomstige hotelfunctie als 'bewoning' beschouwt. Voor een vleugje authenticiteit werden honderdduizenden kloostermoppen aangevoerd, afkomstig van Hongaarse kasteelruïnes.
De toren verrees al snel en de fundamenten van de burcht werden zichtbaar. Maar toen gebeurde wat in de middeleeuwen ook zo vaak voorkwam: na twee jaar was het geld op en werd de bouw stilgelegd. Sindsdien staat er een moderne ruïne langs de snelweg. De houten torenspits is verrot, de isolatie weggezakt.
Een nieuwe projectontwikkelaar wilde het kasteel graag afmaken, maar om de financiën rond te krijgen, moesten er ook zorgwoningen rond het kasteel komen. Dat zag de gemeenteraad van Almere niet zitten en begin 2008 stemde zij tegen dit plan. Er werd zelfs sloop overwogen zodat er meer ruimte ontstaat voor het oorspronkelijke plan: open natuur in de vorm van onderkomens voor zwaluwen, vleermuizen en kerkuilen, maar ook een kruidentuin en een doolhof. Het idee van een middeleeuws kasteel in Neerlands jongste provincie is leuk, maar de bouwers hadden zich waarschijnlijk beter als eenvoudige middeleeuwse edelen kunnen opstellen. Dan hadden ze eerst de toren gebouwd. Wanneer die als hotel zijn geld had opgeleverd, hadden ze verder kunnen gaan met de vierkante burcht. Zo slim waren ze in de middeleeuwen nog wel.

Foto pagina 120-121: *Kasteel Doorwerth*

Literatuurlijst

Arkenbout, A.A. en H. van den Graaf, *De burcht te Oostvoorne.* Nederlandse Kastelenstichting en ANWB, 1983.

Bartlett, Robert, *Middeleeuws panorama.* Librero, Kerkdriel 2002.

Bayard, Tania, *Medieval Home Companion. Housekeeping in the fourteenth century.* Harper Collins Publishers, New York 1991.

Bergman, B.H.H., *'t Huys Dever.* Nederlandse Kastelenstichting, 1994.

Bierens de Haan, J.C., *Kasteel Ammersoyen.* Stichting Vrienden der Geldersche Kasteelen, 1997.

Bierens de Haan, J.C. en J.R. Ras, *Rosendael, kasteel en park.* Stichting Vrienden der Geldersche Kasteelen, 2003.

Blockmans, Wim en Herman Pleij, *Plaatsen van herinnering. Nederland van de prehistorie tot Beeldenstorm.* Bert Bakker, Amsterdam 2007.

Boer, prof. dr. Dick. E.H. de, dr. M. Boone en drs. W.A.M. Hessing, *Delta 1. Nederlands verleden in vogelvlucht. De middeleeuwen: 300 – 1500.* Martinus Nijhoff Uitgevers, Leiden 1992.

Boers, Henk, Yvonne Molenaar en Gerold van der Stroom, *Het Muiderslot. Fameux ende in 't ooghe leggende.* Waanders Uitgeverij, Zwolle 2004.

Coenen, Fedor e.a., *Montfort, een kasteel en zijn landschap.* Stichting Kasteel Montfort / Stichting het Limburgs Landschap, 2006.

Daeter, Ben, *Kastelen: achtergronden en vele wetenswaardigheden.* Repro Holland, Alphen a/d Rijn 1992.

Davenport, Millia, *The Book of Costume.* Volume 1. Crown Publishers, New York 1956.

Dijckmeester-de Brauw, L A. en mr. F.Th. Dijckmeester, *Slot Haamstede.* Nederlandse Kastelenstichting.

Gaff, Jackie, *Ridders en Kastelen.* Parragon, Bath, 2002.

Gies, Joseph and Frances, *Life in a Medieval Castle.* Abelard, Londen, 1974.

Goetz, Hans-Werner, *Life in the Middle Ages. From the Seventh to the Thirteenth Century.* University of Notre Dame Press, Londen, 1986.

Goff, Jacques Le, red.) *De wereld van de middeleeuwen.* Agon bv, Amsterdam, 1991.

Gravett, Chistopher, *Castles and fortifications from around the world.* Thalamus Publishing, Ludlow, 2006.

Gravett, Chistopher, 'Kastelen'. Serie: *Ooggetuigen.* Van Holkema & Warendorf, Houten, 1994.

Gravett, Christopher, 'Ridders'. Serie: *Ooggetuigen.* Van Holkema & Warendorf, Houten, 1993.

Hartog, Elizabeth den en Hans Koopmanschap, *Teylingen. Bezoekersgids.* Kastelenstichting Holland en Zeeland, 2004.

Heyden, Ton van der (red.), *Nederland dichterbij Kastelen.* Reader's Digest, Amsterdam, 1995.

Hugenholtz, prof. dr. F.W.N., *Floris V.* De Haan, Bussum,1974.

Hugenholtz, prof. dr. F.W.N., *Ridderkrijg en Burgervrede.* De Haan, Bussum, 1987.

Hupperetz, W.M.H. e.a., *Middeleeuwse kastelen in Limburg.* Limburgs Museum, Venlo, 1996.

Hupperetz, W.M.H. e.a., *Dagelijks leven op Limburgse kastelen 1350 - 1600. Verwantschap, begrafenisgebruiken, personeel en werkzaamheden.* Limburgs Museum, Venlo, 1996.

Hupperetz, W.M.H. en Johanna Maria van Winter, *Dagelijks leven op Limburgse kastelen 1350 - 1600. Voedsel en voedselbereiding.* Limburgs Museum, Venlo, 1995.

Hupperetz, Wim, Ben Olde Meierink, Ronald Rommes, *Kastelen in Limburg.* Uitgeverij Matrijs, Utrecht, 2005.

Hurenkamp, drs. S.A.P.F., *Kasteel Hoensbroek.* Kasteel Hoensbroek, 2007.

Huygen, C.A., *Genhoes te Oud Valkenburg.* Vereniging tot Behoud van Natuurmonumenten in Nederland, 1959.

Janse, Antheun, *Ridderschap in Holland. Portret van een adellijke elite in de late middeleeuwen.* Verloren, Hilversum, 2001.

Jansen, drs. H.P.H., *Middeleeuwse geschiedenis der Nederlanden.* Het Spectrum, Utrecht, 1965.

Janssen, H.L., J.M.M. Kylstra-Wielinga, B. Olde Meierink, *1000 jaar Kastelen in Nederland. Functie en vorm door de eeuwen heen.* Matrijs, Utrecht, 1996.

Kalkwiek, K.A., *De hertog en zijn burchten. Kastelen in de Gelderse geschiedenis tot 1543.* Europese Bibliotheek, Zaltbommel, 1976.

Keikes, Wiebe H., *Slot Moermond.* Nederlandse Kastelenstichting en ANWB, 1979.

Kleis, Gerrit, *Geschiedenis van het kasteel te Coevorden. Van gewestelijk tot stedelijk bestuurscentrum. 1046 – 1974.* Gemeente Coevorden, 2005.

Luitjens-Dijkveld Stol, R.A., *De borg Verhildersum en zijn bewoners.* Niemeijer, Groningen 1970.

Molenaar, Yvonne en Ida Schuurman, *Muiderslot.* Muiden.

Nijs, Thimo de en Eelco Beukers, *Geschiedenis van Holland tot 1572.* Verloren, Hilversum, 2002.

Nunn, Joan, *Fashion in Costume. 1200 – 2000.* Herbert Press, Londen, 2000.

Oirschot, Anton van, *Het kasteel van Heeze.* Nederlandse Kastelenstichting, 1998.

Olde Meierink, Ben e.a., *Kastelen.* The Reader's Digest, Amsterdam, 1995.

Ottenheym, K.A., 'Oorlog rondom kastelen' in: *Oorlog in de middeleeuwen.* Verloren, Hilversum, 1989.

Pantus, Willem-Jan, *De Doornenburg.* Stichting tot Behoud van den Doornenburg.

Power, Eileen, *Het dagelijks leven in de middeleeuwen.* Uitgeverij Het Spectrum, Utrecht, 1975.

Quarles van Ufford, C.C.G., *Kasteel Doorwerth.* Stichting Vrienden der Geldersche Kasteelen, 1998.

Reyen, Paul E. van, *Middeleeuwse kastelen in Nederland.* Fibula - Van Dishoeck, Haarlem, 1976.

Rij, Hans van, *Een verhaal over Groningen, Drente, Coevorden en allerlei andere zaken onder verschillende Utrechtse bisschoppen.* Verloren, Hilversum, 1989.

Schellart, A.I.J.M. en Theo de Vries, *Burchten en kastelen.* Servire, Wassenaar 1974.

Schneider, Rolf e.a., *Het dagelijks leven in de middeleeuwen. De wereld van boeren, burgers, ridders en monniken.* Tirion Uitgevers B.V., Baarn, 2001.

Sloot, drs. R.B.F. van der, *Middeleeuws wapentuig* Van Dishoeck, Bussum, 1964.

Steele, Philip, *Het Beste Boek over Ridders & Kastelen.* Gottmer, Haarlem, 1999.

Stenvert, Ronald, Chris Kolman, Saskia van Ginkel-Meester, Sabine Broekhoven, Elisabeth Stades-Vischer, *Monumenten in Nederland: Limburg.* Rijksdienst voor de Monumentenzorg, Zeist en Waanders Uitgevers, Zwolle, 2003.

Stinner, Johannes e.a., *Het hertogdom Gelre. Geschiedenis, kunst en cultuur tussen Maas, Rijn en IJssel.* Uitgeverij Matrijs, Utrecht, 2003.

Timmermans, Inge, *Nederlandse kastelen en buitenplaatsen.* Atrium, Alphen a/d Rijn, 1993.

Tromp, drs. H.M.J., *Kasteel de Haar.* 2006.

Uytven, prof. dr. R. van e.a., *Geschiedenis van Brabant van het hertogdom tot heden.* Waanders Uitgeverij, Zwolle, 2004.

Vlist, Ed van der, *De Burcht van Leiden.* Primavera Pers, Leiden, 2001.

Winter, jkvr. dr. J.M. van, *Ridderschap.* Unieboek, Bussum, 1976.

Winter, Johanna Maria van, *Van Soeter Cokene. 52 recepten uit de romeinse en middeleeuwse keuken.* Grolsch, Enschede en Unieboek NV, Bussum, 1971.

Yorke, Trevor, *English Castles Explained.* Countryside Books, Newbury, 2005.

De Nederlandse Kastelengids. Uitgeverij Thoth, Bussum en Nederlandse Kastelenstichting, 2007.

Illustratieverantwoording

FOTO'S OMSLAG

Teo van Gerwen Design: voorkant en inzetjes behalve inzet linksonder (**Delnoij, Hans**).
Brouwers, Marjan: achterkant en inzetjes

FOTO'S

Brouwers, Marjan: blz. 5 (onder), 9 (boven), 10 (onder), 12 (onder), 13 (boven, 2x onder), 16 (onder), 17, 19 (onder), 20, 21 (2), 22 (2), 27 (midden), 28 (boven), 31 (3), 32, 33 (2), 34 (2), 35 (links), 36 (3), 37 (boven), 39 (3), 40 (onder), 41 (2), 42 (3), 43 (3), 44 (3), 45 (2x boven), 46 (boven), 47 (3), 48, 49 (2x onder), 50 (midden), 51, 52 (2), 53 (linksboven, 2x midden), 54 (3), 55, 56 (2x onder), 57 (boven), 59 (4), 60 (2), 62 (midden), 63 (3), 64 (3), 65 (midden en rechts), 66 (2x boven), 67 (2), 68 (3), 69 (boven), 70 (boven, onder, rechtsmidden), 71 (onder), 73 (onder), 74, 75, 76 (3), 77 (3), 78 (3), 79 (rechts), 80 (2x links en onder), 81 (3), 82 (4), 84 (4), 85, 86 (2), 87 (2), 88 (2), 89 (rechts), 90, 91 (3), 92 (3), 93 (2), 94 (2), 96, 98, 99 (2), 100, 101 (2), 102, 104 (2), 106 (boven), 107, 109 (2), 110 (onder), 111, 112 (boven), 114 (boven, midden), 115 (links), 116 (onder), 118 (2)

Bunk, Harry: blz. 72

Dekemastate: blz. 15

Ditzhuijzen, Jeannette van: blz. 13 (2e van boven), 25, 26, 50 (onder), 62 (onder), 65 (links), 66 (onder), 69 (onder), 70 (links), 80 (rechtsboven), 115 (rechts)

Geldersch Landschap en **Geldersche Kasteelen**: blz. 49 (boven)

Graaff, Frans de: blz. 12 (boven)

Kam, Jan van der: blz. 6/7, 8, 38, 62 (boven), 108, 114 (onder)

Kasteel Coevorden: blz. 24

Kasteel Hoensbroek: blz. 21 (links), 40 (boven), 73 (boven), 79 (onder), 113 (onder)

Limburgs Museum: blz. 83 (3), 89 (links)

Peeters, Jacques, collectie Stichting Kasteel Montfort: blz. 27 (links)

Stichting Kasteel de Haar: blz. 9 (onder), 10 (boven), 16 (boven)

Stichting Kasteel Montfort: blz. 45 (onder)

Stichting Kasteel van Valkenburg: blz. 55 (boven)

Teo van Gerwen Design: blz. 2, 4, 5 (boven), 11, 18, 23 (onder), 29, 30, 35 (rechts), 46 (onder), 53 (onder), 57 (onder), 58, 95, 97, 105, 106 (onder), 110 (boven), 112 (onder), 113 (boven), 116 (boven), 120/121

Tiem, Noud van: blz. 103

Wijnands, Peter, collectie Stichting Kasteel Montfort: blz. 27 (boven)

OVERIGE ILLUSTRATIES

Billen, Dirk: blz. 19
Brouwers, Marjan: blz. 5, 41, 45, 48, 51
Kasteel Coevorden: blz. 23
Kasteel Haamstede: blz. 54
Rode, Jan de (DeRode3D): blz. 71
Stichting Kasteel de Haar: blz. 117
Stichting Kasteel van Valkenburg: blz. 56
Stichting Kasteel Montfort: blz. 28 (onder)
Stichting Rijksmuseum Muiderslot: blz. 33
Yorke, Trevor: blz. 52, 61, 67, 75
Museum Borg Verhildersum: blz. 14
Noordhoff Uitgevers bv: blz. 37 (onder) (J. Isings, De Noormannen voor Dorestad)

De uitgever heeft getracht alle rechthebbenden op het illustratiemateriaal te achterhalen. Zij die echter menen nog rechten te kunnen doen gelden, dienen zich te wenden tot de uitgever.

Register

De paginacijfers die vet zijn gedrukt, verwijzen naar pagina's waarop een afbeelding is te zien

W

Z